看图学打叶问咏春拳

（二维码视频教学版）

周光远 编著

人民邮电出版社

北京

图书在版编目（CIP）数据

看图学打叶问咏春拳：二维码视频教学版 / 周光远
编著. -- 北京：人民邮电出版社，2018.2
ISBN 978-7-115-45770-7

Ⅰ．①看… Ⅱ．①周… Ⅲ．①南拳－基本知识 Ⅳ．
①G852.13

中国版本图书馆CIP数据核字(2017)第202561号

免责声明

内 容 提 要

　　本书首先介绍了咏春拳的源流和包括技击原理在内的基础知识，接着采用真人示范分步骤图解
的方式对叶问咏春拳的身法、散式、肘部攻击、小念头套路等内容进行了讲解。此外，本书还介绍
了叶问咏春拳的功力训练方法和在不同情景下的防身类应用。无论是热爱咏春拳的入门级练习者还
是资深选手，都可以从本书中找到提升自身能力的技法讲解。

◆ 编　　著　周光远
　　责任编辑　李　璇
　　执行编辑　刘　蕊
　　责任印制　周昇亮

◆ 人民邮电出版社出版发行　　北京市丰台区成寿寺路 11 号
　　邮编　100164　电子邮件　315@ptpress.com.cn
　　网址　http://www.ptpress.com.cn
　　北京虎彩文化传播有限公司印刷

◆ 开本：700×1000　1/16
　　印张：9.75　　　　　　　　2018 年 2 月第 1 版
　　字数：231 千字　　　　　　2025 年 9 月北京第 39 次印刷

定价：39.80 元

读者服务热线：(010)81055296　印装质量热线：(010)81055316
反盗版热线：(010)81055315

作者简介

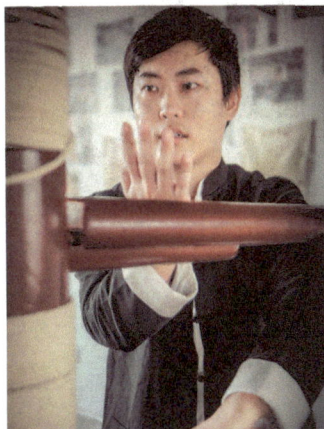

周光远，光远咏春拳总会创始人，叶问宗师的第三代传人，武术名家。周光远多年来致力于增强国民体质、传承国术精神的工作，其弟子已遍布全国各地。

周光远自幼接触传统武术，遍访名师，曾学习长拳、太极拳等拳法，后拜佛山叶问系咏春传人梁家铭为师。周光远曾经与姚才系咏春（姚才与叶问、阮奇山并称为"咏春三雄"）、彭南系咏春等各派咏春名家切磋交流，后专心研究佛山咏春拳术，创立了光远咏春拳三段九级晋级体系。

周光远从2008年开始在北京收徒，与各咏春门派交流学习。2014年，周光远成立光远咏春拳总会，开展传统武术的推广、普及、教育工作，以及咏春拳的普及、教育工作，并在此期间传授佛山叶问系咏春拳术，培养了一批又一批优秀的武术人才。

在线教学视频观看说明

请按照以下步骤获取在线视频。
步骤一：打开手机微信"扫一扫"。
步骤二：扫描右侧的二维码。

步骤三：
1. 若您已经关注"动动吧"微信公众号，可直接观看视频。
2. 若您尚未关注"动动吧"微信公众号，将进入如下手机界面。

请长按该二维码并关注"动动吧"微信公众号，随后将直接进入资源获取界面。请点击"资源详情"，即可观看视频。

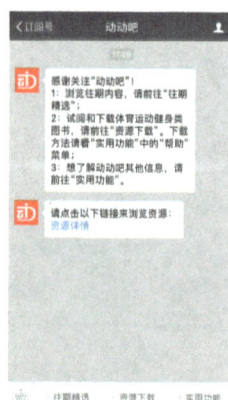

第三章
散式和肘部攻击练习

第四章
咏春拳之母——小念头

第五章
功力训练与实战

第一章

源流和基础

咏春拳源流

源流

关于咏春拳之起源未可考证，据叶问在《咏春拳源流》中讲述：梁博俦先生在云贵边界娶妻严咏春，得咏春拳。后传拳与族侄梁兰桂。兰桂后传拳与红船黄华宝。自黄华宝开始有文字记载可考证。

先祖严咏春氏，原籍为广东，少而聪颖，行动矫捷，磊落有丈夫气，许字福建盐商梁博俦。未几母殁。父严二事被诬，几陷于狱，因是远徙川滇边区，居于大凉山，以卖豆腐为活，此清代康熙年间事也。其时河南省嵩山少林派，武风甚盛，招清廷忌，派兵围捕，攻而不下。适有新科状元陈文维者，邀宠献议，设法勾通寺僧马宁儿等，四处纵火，里应外合，少林寺被毁，僧徒四散。由是五枚法师与至善禅师、白眉禅师、冯道德、苗显等五人亦分途出走。而五枚止于大凉山（又名栖霞山）白鹤观。每日下如市，因与严二父女贸易，渐且作稔熟。

时先师年已及笄。有当地土霸涎其姿色，恃势迫婚。父女二人日有忧色。为五枚法师洞悉其由。因怜其遇，许以传技保身，使该土霸俟能除，梁氏婚约后始赋于归。由是即随五枚返山日悉勤修苦练。技成，乃约土霸比武，卒将土霸击倒。自此五枚云游四方，频行殷殷诚以严守宗风，等婚后发扬武术，同佐反清复明大业。综合过去事迹，知咏春派拳术，实宗于五枚法师也。

先祖师既婚，首传技于夫婿梁博俦，其后梁博俦传梁兰桂，梁兰桂传黄华宝。黄华宝为红船中人，与梁二娣为伍。恰至善禅师混迹红船中为"煲头"，将绝技六点半棍传与梁二娣。而华宝与二娣以共事红船之故，因得日夕观摩，互相传习，补短截长，混成一体。从而咏春拳之有六点半棍者，盖有由也。遂至梁二娣传技于佛山名医梁赞先生，梁赞深得其奥，达于化境。远近武士慕名来请与较者辄为败，由是声名鹊起。后来梁赞传于陈华顺。而问与师兄吴小鲁、吴促素、陈汝棉、雷汝济等师事陈华顺迄今已数十年。是则吾侪之于咏春派拳术一脉相承。其来有自典不忘乃祖，饮水应念其源，自宜有以纪念先祖孕育之恩。抑亦所以维系我同门侪辈也，缓拟发起组织咏春堂联谊会焉。嘤其鸣矣，求其友声，想同门师友定有同情也。我武唯扬，胥焉有赖此耶。

佛山一脉咏春拳的传承

叶问在佛山收徒七人，本派咏春拳传承叶问佛山系咏春拳，周光远师承叶问宗师嫡系弟子伦佳之徒梁家铭，是问公第三代传人。

师承表

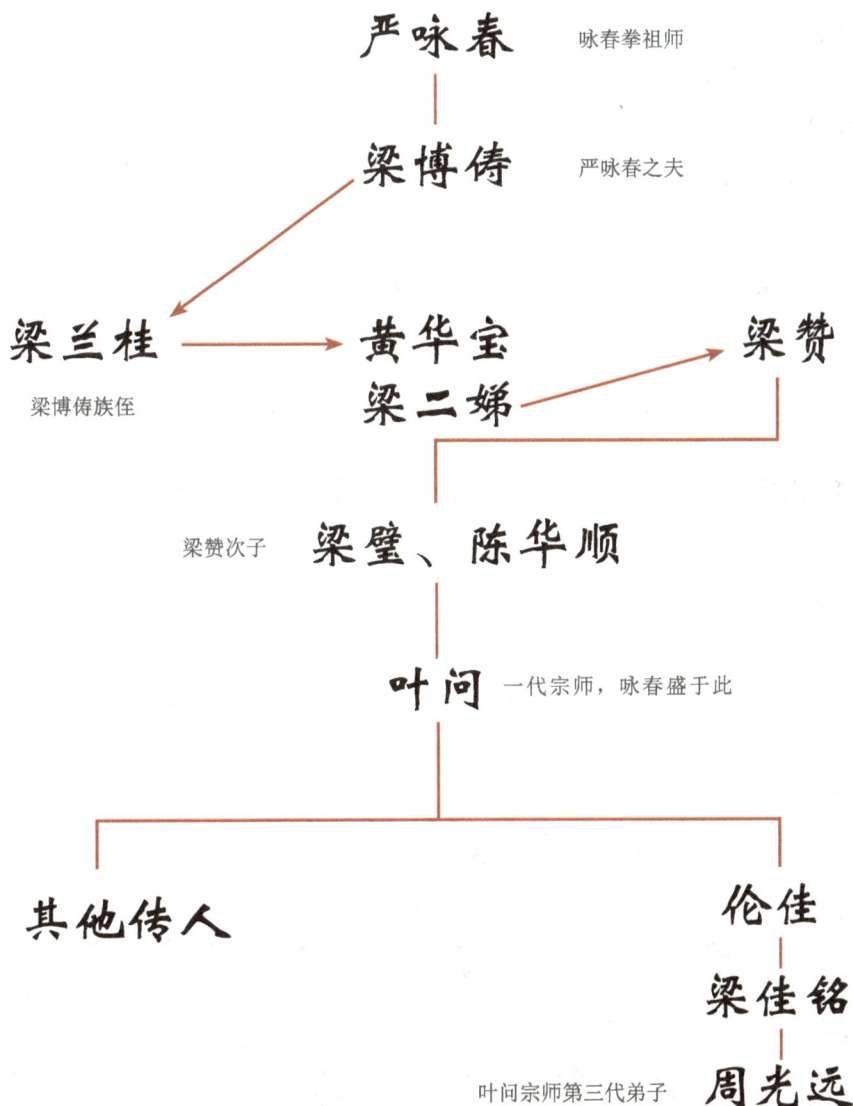

严咏春　咏春拳祖师

梁博俦　严咏春之夫

梁兰桂　　黄华宝　　梁赞
梁博俦族侄　梁二娣

梁赞次子　梁璧、陈华顺

叶问　一代宗师，咏春盛于此

其他传人　　　伦佳

梁佳铭

叶问宗师第三代弟子　周光远

咏春拳的特点

咏春拳是一门中国传统武术，是一种制止侵袭的技术，是一种积极、精简的正当防卫拳术，更是一种正确使用自身力量的拳术。较其他中国传统武术，咏春拳更专注于尽快制服对手，以此将当事人可能受到的损害降至最低。此外，咏春拳是以"中线理论"等理论为基础内容的颇具特色的南拳拳术，强调使用正确的观念、意识及思维方式，指导肢体的灵活应用。

一、守中用中

守中用中指的是与对方交手的过程中，应守卫自身中线不被攻击，集中攻击对手中线的要害部位。守中用中是咏春习练者攻防格斗时必守的第一法则。

二、朝面追形

运用咏春拳法面对对手时，应尽可能正面朝向对手。不论对手环绕着自己走向任何方向，必定如影随形般黏住对方，控制其重心，进而制服对手。

三、攻守同期

咏春没有先接招再还招之说，更没有"纯防守"动作。咏春练习者往往擅长双手同时做出不同的攻防动作，且动作转换流畅自如。

四、不"追手"

"追手"指的是一味追着对方的"桥手"，并以此为基础做相应的攻防动作，却忽略了攻击对方中线的薄弱环节。

五、不冲身

不冲身指的是临敌攻防之际，无论发出或承受了多大的力量，始终保持腰马稳健和进退有度，不失重心。

六、不借助位置发力

咏春拳的"攻"和"守"，皆以能修炼到可将任何位置作为发力点为原则。换言之，无论手在何处、受制与否、处于何种角度，皆不必收手或撤身蓄力，可做到随时运用身体的各个部位发力击人。

七、来留去送

"来留"是指对手用手或脚向自己攻击时，除了化解攻击外，尽可能将对方的手或脚留在攻来的当下位置上，以便将其牢牢控制住，令其来力用尽、新力不生。
"去送"是指对手以其极强猛的力道实施拳脚攻击时，牵引令其攻击落空，同时顺其势借其力，将力送去令对手失势、失重，或招式用老，无法变招攻击。

八、甩手直冲

"甩手"是指双方手臂相接时，对方突然将与我方相接的手臂撤去（不论撤走方向）的情况。一旦对方"甩手"，我方应迅速发招，从对方撤手处直攻入其中线要害，为"直冲"。

九、轻桥去手

轻桥去手指的是当双方桥手触碰相接时，若从接触点感觉到对方发力轻或无，则立即用截击或迎击的方式从来力处击出，直冲对方重心。轻桥去手全凭皮肤感应发力，重在灵活运用，应感而发。

十、重桥留中

重桥留中是指双方桥手触碰相接时，感觉到对方发力强猛，运用步法和身法的迅捷移动，以保护自身的中线要害及保持平衡，同时牵引对方重心，令其失衡。平衡为第一原则，搏击之时，尽量降低被对方借力而导致自身失去平衡的可能性。

咏春拳技击原理
中线原理

中线理论是咏春拳的核心理论。

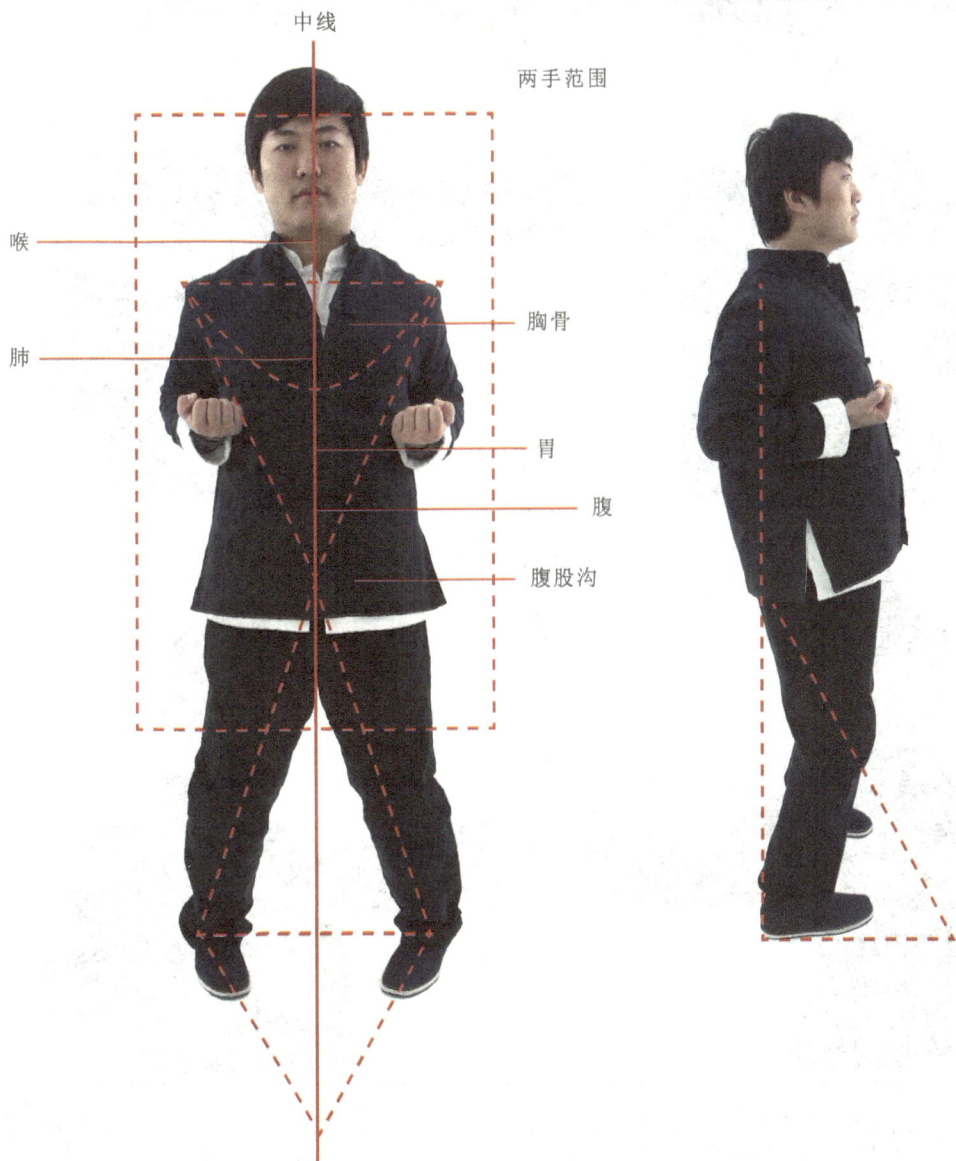

中线

两手范围

喉

肺

胸骨

胃

腹

腹股沟

中线又称人体子午线，是双方之间最短的距离，所以保持中线去攻击也是最短的攻击路径。从中线攻击时，两臂在中线上指向对手，外来的力量就会卸向左右两边。所以保护好中线，既最有效地保护了自身的身体部位，也占据了保护自己和攻击对手的地位，这便是夺中线与守中线的含义。要注意的是，中线是随着双方移动而移动的，所以中线是动态的而不是静态的。

内外门原理

咏春拳中，通常可把人体划分为"内门"与"外门"。其中处于两手臂之外的称为"外门"，两手臂之间的则称为"内门"。

内门

外门

在实战中，无论对方如何改变招式，都只是置于自己双手的"内门"或"外门"而已。当然我们应设法使对手的双手置于自己的"外门"，也就是设法使对手的双手离自己的"中线要害"远一些，或者说使其攻击偏离自己的身体。这就要求自己的双手应始终占牢"内门"这一关键部位，当然，这一要诀应与"守中用中"原则结合在一起运用，也可以说"守住内门"是"守中用中"的一种延伸。如果你的双手能够始终守住内门，除了可借此保护身体上的大多数要害部位外，还可使自己可以更快捷地发起攻击。这是因为自己的攻击基本上是从中线直接发出的，可节省时间与距离。格斗讲求的是瞬间的、闪电般的快速反应，因此哪怕是仅仅快出几分之一秒的时间，都可能会抢先击中对手并一击制胜。

四门原理

在身体中画出四方形区域并分上内、上外、下内、下外四块小区域。

上内

上外

下内

下外

1. 上内：主要用来应对对方攻向自己的头部左侧的打击动作，无论对方用何种方式向此处攻来，都可用手迅速将之挡至外侧，或挡向右侧。
2. 上外：主要用来应对攻向自己的头部右侧的打击动作，无论对方用何种方式向此处攻来，都可用手迅速将之挡至外侧。
3. 下内：用腕部来进行快速格挡，防御对方攻向自己的左肋、左腰等左侧要害处的打击动作。
4. 下外：主要用来应对对方攻向自己的身体右侧的要害处的打击动作，例如用腕部格挡低位拳法或是中位踢法等。

连消带打原理

连消带打即防守的同时发动进攻。"消"就是化解对方进攻。该原理强调以柔克刚、借力打力，攻防同时就是消打同时。

寸劲原理

"寸劲"：利用肘底去发力，以做到最简便、最直接、最近距离地发力。除了肘底发力之外，还可以动用手腕、肩膀、腰胯、膝盖、脚腕等关节的力量，再利用脚下与地面的接触，做到力从地起，把力量发挥到最大。在进退之间和发力的练习中深刻体会到踝与膝合，膝与胯合，胯与腰合，腰与肩合，肩与肘合，肘与手合。

咏春拳是一种技击性较强的南拳拳法，以身体结构、关节活动及流体力学为基础进行研究改进，在实战过程中有简单、实用的特点。简单指咏春拳的套路动作和攻防动作简单，实用指在实战过程中的打击效果明显。咏春拳讲究同时使用双手，一手攻则另一手守，连消带打，形成多方位的近身搏斗的优势，同时成倍地提高打击效果和防守之势。

第二章

身法和招式

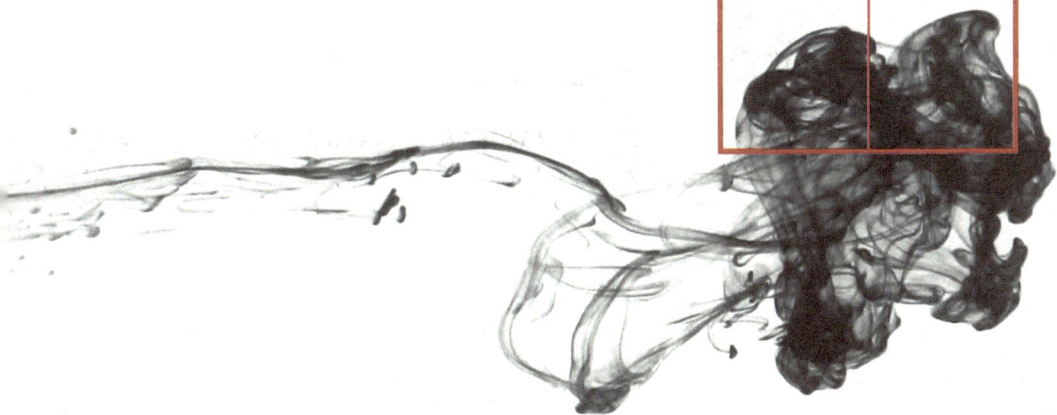

基础身形
拳形

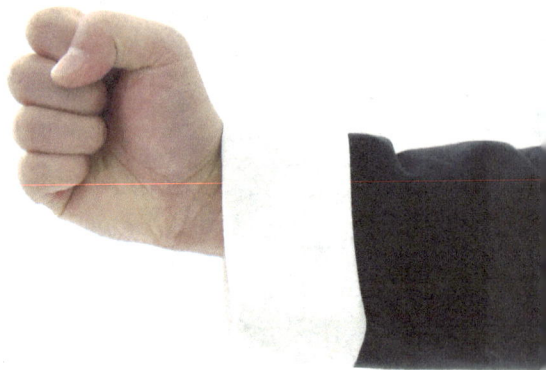

日字拳

日字拳也称"日字冲拳"，因拳头沿着中线摆正似"日"字而得名。日字冲拳的寸劲是以旋转力加上手肘力而形成的。

咏春拳有"发拳肘在中"的拳诀，因此每次出拳都必须注意，手肘部应贴近中线，使用肘部的力量将拳推送出去，动作轨迹呈一条直线。出拳时，打出的每一拳都要位于另一只手手腕的上方，使双手连环出拳形成封闭的形态，这种连环形态可以有效防范对手抢夺中线。另外需要注意的是，连环出拳时，身体应该处于较为松弛的状态。

凤眼拳

凤眼拳是佛山一派咏春拳的保留拳型，有多种使用方法。

用法：

1. 用大拇指瞄准对手眉骨，食指发力，带拳点出，攻击对手眼部；
2. 食指发力，同时借助腰马力抖动手腕，横向带拳点出，攻击对手太阳穴；
3. 食指发力，带拳向下点出，攻击对手天突穴；
4. 食指发力，带拳朝斜上方30°打出，旋转攻击对手下颚；
5. 食指发力，同时借助腰马力抖动手腕，横向带拳点出，攻击对手喉结部位；
6. 食指发力，同时翻转手腕，由下至上挑打，攻击对手膻中穴；
7. 食指发力，同时翻转手腕，由下至上挑打，攻击对手下阴；也可直接从膀手变招凤眼拳攻击对手下阴；
8. 食指发力，同时翻转手腕，横向出拳，攻击对手软肋；
9. 食指发力，带拳点出，攻击对手腋下部位；
10. 食指发力，同时借助腰马力抖动手腕，出拳攻击对手后脑。

掌形

柳叶掌

四根手指并拢、内扣，拇指紧贴，使用掌根发力，使力量通达指尖。

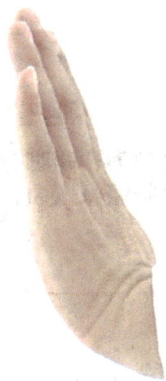

指形

标指

标指，顾名思义，就是手臂如标枪一般，弹抖有力，且力可穿透。手臂完全伸直时，标指比拳的攻击距离远，有上、下、左、右、前、后六个攻击方向。标指主要用于咏春拳的后期训练，手法灵活多变，刁钻毒辣，是咏春蛇形的高级技术之一。

用法：
1. 搭住对手桥手，直接出招标指，借势攻击对手；
2. 施展标指，从对手桥手下方钻上攻击；
3. 左右摆动，攻击对手；
4. 由下至上，攻击对手；
5. 使用下标指，攻击对手下肢。

步形

二字钳阳马

咏春拳特有的基本桩功。其姿势要领为：两脚分开，距离与肩同宽，双脚内八站立，双腿略微弯曲，双膝内钳，膝盖之间间隔为一拳。

步骤：
1. 并步朝前站立，头正，颈直，双手收拳，放于胸侧；
2. 双膝略微弯曲，两脚脚跟向外打开；
3. 双脚踩地，以脚掌为轴心，继续向外打开脚跟，直至与肩同宽，保持目视前方，身体端正、平衡，同时脚尖略微内扣、双膝略微前屈、上身略微后倾；需要注意的是，站二字钳阳马时必须保持正确的姿势，让重心落于双脚中心部位，才能沉稳发力、腰马合一。

用法：
双膝内钳，可以夹住对手攻来的腿，从而保护下阴。夹住对手腿之后，变招转马，可断对手的腿。

独脚马

咏春拳的重要基本功之一，其姿势要领为：两脚分开，距离与肩同宽，双脚内八站立，一条腿略微弯曲，用于支撑，另一条腿抬起，大腿平行于地面。

独脚马主要用于训练身体的平衡性，也可用于加强下肢力量，日常训练中常配合日字冲拳等上身拳法一并使用，可以获得良好的效果。训练时应注意让双腿交替进行训练，才能保证身体左右两侧力量的均衡发展。初学者刚练习时，下肢会产生酸疼感，随着力量增强，便会大有改善。

手法

摆桩

咏春拳特有的基本桩功，由二字钳阳马、问手、护手组成。

在整个摆桩的过程中，一共构成了七个三角形。众所周知，三角形是最稳定的形状，因此，练习摆桩，重在保持功架标准，长期练习下来，不仅能实现左右稳定，而且还可能实现前后移动。

探手

探手，也称问手。探，顾名思义，就是试探对手。其姿势要领为：手肘略微弯曲，切勿过硬过直。实战中常用来试探对手桥手力量大小，以洞悉其攻击意图。

探手要求手肘要略有弯度，切忌太直。

外门

用法1：
任意一只手使用探手，
可以拨开或拍开对手攻
来的拳。

其他用法：
2. 与对手互桥时，可变招枕手，连消带打；
3. 与对手互桥时，使用探手试探、感受对手的力量，然后迅速变招，借力打力，甩手直冲。

护手

护，顾名思义，就是保护、防护的意思。护手是一种防御招数，实战中常用来保护己方的前胸要害。

护手的位置为靠近探手一侧胸的中间。

应用

1

用法1：
对手以摆拳攻来，我方可将护手变为侧拍掌应对，使用寸劲，以掌根拍开对手。

2

采用借力打力，连消带打，变招为杀颈手反击。

其他用法：
2. 对手以直拳攻来，我方可将护手变为摊手，连消带打，变招托腮掌反击；也可将护手变为抓手攻击对方，同时另一只手配合使用擒拿或断臂的招数；
3. 被对手从后方抱住时，我方可将护手变为标指，向后出手，攻击对手眼睛。

∥ 摊手

咏春拳"三板斧"之一。

摊手是咏春拳中使用频率最高的手法之一。多与
日字冲拳配合使用，称为摊手冲拳、摊打。

> 步骤：手心向上，保持手肘距中线一拳的距离，
> 沿着中线向前、向上、向外旋转；沿着对手前臂
> 表面旋转，可产生向前的力道，消去对手攻来的
> 力道，从而压住来手、保护中线。摊手是一种以
> 柔克刚、连消带打的手法。
>
> 用法：一手摊开对手攻来的拳脚，另一只手同时
> 攻向对手中线要害部位。摊手是咏春拳中的一种
> 被动手法，优势在于顺应对手的攻击而出招。

——应用

用法1：
对手出拳攻来，我方直接用摊手
进行防守；另一只手同时出击，
连消带打，使我方攻防兼备。

①

内门

外门

其他用法：

2. 对手出拳攻来，我方以摊手防守，然后直接变招托腮掌出击，甩手直冲，以柔克刚；

3. 手背向上时，摊手与标指用法相同。

注：内、外门均可用。

回手

回手为"鹤形"：手平，收紧肘部，注意内、外门之分。

 ①  ②  ③

双手抱拳，开马站立（如图1）；左臂立掌，置于视线前方（如图2）；保持手臂不动，顺时针转动手腕，使手心向内，同时手腕向外顶、小臂向内收，手掌与腕关节之间夹角为钝角（如图3）。

—应用

①

用法 1:
对手出拳攻来，我方先
使用侧拍掌将其拍开，
而后借力打力，采用回
手直接反击。

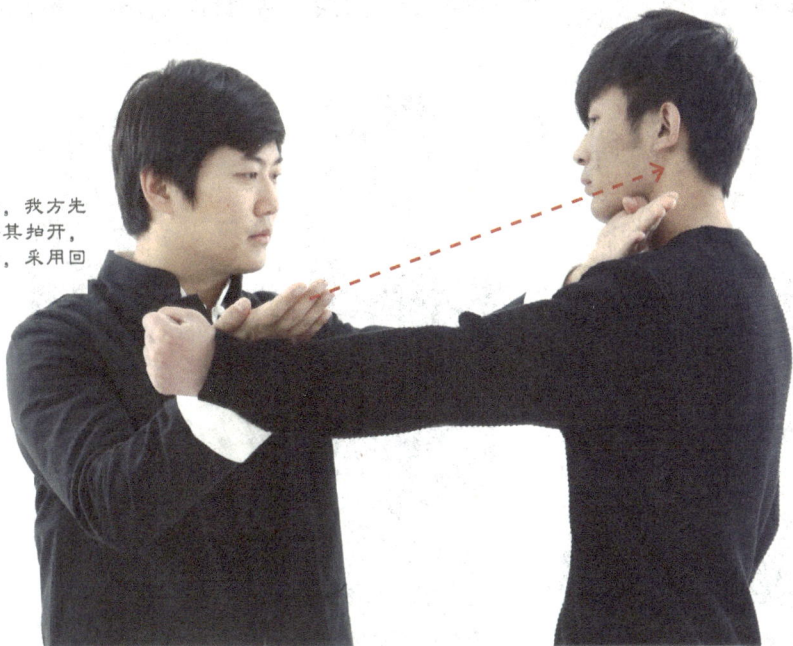

②

练习时，建议采用双人对练的方式：一人使用连环日字冲拳攻击，另一人则使用侧拍掌、回手
防守。
其他用法：
2. 一旦对手成功闪避我方攻击，我方可变招回手，继续攻击。

耕手

一种通过手臂快速旋转发力来化解对手攻击的手法。其要点在于，以我方整体力量，应对对手的局部力量，使之难以克服。

双手抱拳，向身体左前方出右掌，且右掌掌心向上（如图1）；以肘部为轴，右掌从身体中线向体侧切下，掌心向下，注斜下方划出半弧形（如图2）。

耕手常配合日字冲拳一起使用，称为耕手冲拳、耕打。这是一种防守反击性手法，用来消解和反击对手的中路攻击，比如下拳或者正踢腿。

应用

用法1：
外门出拳，耕手变招日字冲拳。

外门

内门

其他用法：耕手有内、外门之分。其优势为上下齐发、攻守兼备。
2. 内门出拳，耕手变招击肋掌；或者外门出拳，耕手变招击肋掌。

拦手

拦手，优势在于可以随意变招为圈手、抓手等，快速实现攻防转换，常用来拦截对手上、中路攻击。其姿势要领为：指尖朝上，手心向外，收缩肘部，将对手攻击往自身两侧拦开。

1

2

3

注意收肘，防止对手使用摘拿招数。

双手抱拳（如图1）；左手出掌，立于胸前（如图2）；左手指尖朝上，手心向外，将对手攻击拦向我方身体两侧（如图3）。

应用

用法1：
使用拦手，掌心向外，将对手的正面攻击拦向两侧，然后直接正拍反击。

内门

外门

拦手有内、外门之分，其优势为连消带打、借力打力，　其他用法：
2. 使用拦手，掌心向外，将对手的正面攻击拦向两侧，然后变为立掌，直接反击；
3. 使用拦手，掌心向外，将对手的正面攻击拦向两侧，然后变招抓手，另一只手同时出拳攻击；
4. 使用拦手，掌心向外，将对手的正面攻击拦向两侧，然后变招按掌，另一只手同时出拳攻击。
注：内、外门均可用。

防手

开马站立（如图1）；双手交叉叠放且夹角呈直角，小臂位于胸前（如图2）；用手臂带动手掌，向身体的前上方打出（如图3）。

应用

用法1：
用上防手防住对手来拳，变招摊手卸去对手力道。此时摊手在上。然后变招托腮掌，直接攻击对手腮部。

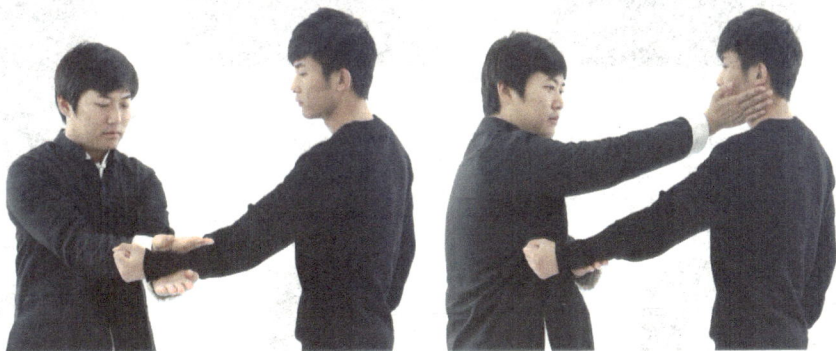

其他用法：
2. 用上防手防住对手来拳，变招摊手卸去对手力道。此时摊手在下，然后由下至上变招托腮掌，钻出攻击对手腮部；
3. 用上防手防住对手来拳，朝身侧卸力，一只手变招外门抓手，另一只手变招耕手，攻击对方肋部；
4. 用上防手防住对手来拳，朝身侧卸力，一只手变招内门抓手，另一只手变招耕手，攻击对方肋部；
5. 用上防手防住对手来拳，朝身侧卸力，一只手变招外门抓手，另一只手变招杀颈手，直攻对手喉部；
6. 用上防手防住对手来拳，朝身侧卸力，一只手变招内门抓手，另一只手变招杀颈手，直攻对手喉部；
7. 用上防手防住对手来拳，朝身侧卸力，一只手变招外门抓手，另一只手用肘部攻击对手胸部，紧接着挂锤攻向对手面门；
8. 用上防手防住对手来拳，朝身侧卸力，一只手变招外门抓手，另一只手用肘部攻击对手胸部，紧接着变招托腮掌攻击对手腮部；
9. 用上防手防住对手来拳，朝身侧卸力，一只手变招外门抓手，另一只手用肘部攻击对手胸部，紧接着攻击对手肘部，或者过肩摔；
10. 用上防手防住对手来拳，朝身侧卸力，一只手变招外门抓手，另一只手变招挂锤，压击对手肘部关节。

下防手

与上防手一样，也是一种防御手法；主要用于防御对手下路攻击，如下拳、正蹬腿等。

指尖向下。

开马站立，两手抱拳，放于腰部两侧（如图1）；双手交叉叠放，夹角为直角，小臂位于腹部之前（如图2）；手臂下伸，双掌自上而下打出（如图3）。

内门

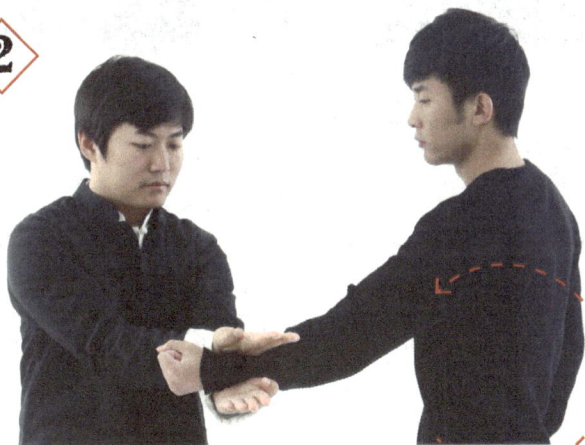

应用
用法 1：上防手变下防守，防住对手拳脚，直接变掌击对方腮部。

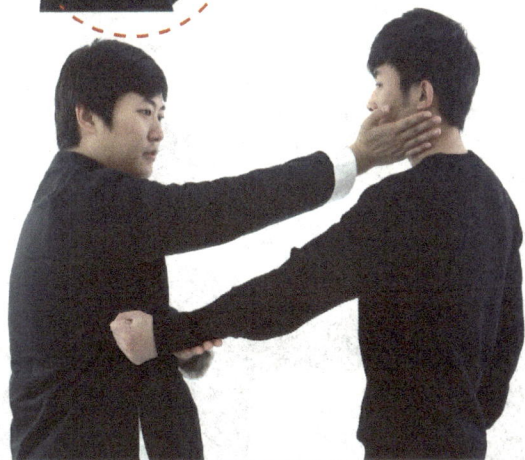

其他用法：
2. 用下防手防住对手拳脚，一只手直接变招圈手，击向对手肋部，另一只手托起击腮。

膀手

咏春拳"三板斧"之一。膀手，顾名思义，是运用手臂旋转、侧引发力，卸去对手力道，实施反击，另一只手可使用护手配合。

开马站立，双手抱拳，置于腰侧（如图1）；肘部发力，略微上翻成拱形，以指尖带动小臂旋转，手腕略微下沉，手指放松，指向身体正前方，稍微越过身体中线位置（如图2）；肩膀、手肘、手腕三关节一起，呈拱形翻转、前伸，向体侧牵引对手攻势（如图3）。

膀手的姿势要领为：腰脊挺正，含胸拔背，精神集中，肘高手低，肘底部到指尖线条流畅。膀手是一种使用频率较高的咏春拳手法，重在巧妙卸力，不仅十分常见，而且在消解对手上、中路多种攻击时颇为实用。值得一提的是，膀手掌前伸，而后变招凤眼拳，可在化解对手强劲攻击的同时，直接攻向对手膻中穴。

应用

用法1：
先使用护手直接拨开对手攻来的手，变招抓手，再用膀手攻击对手肘部。

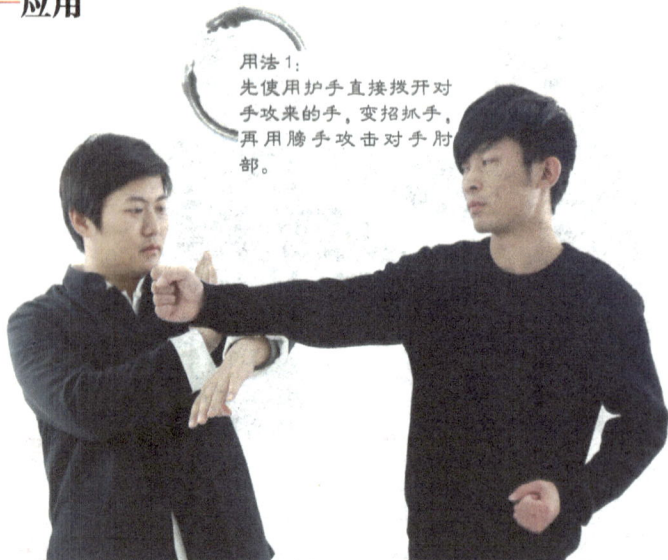

膀手卸掉对手攻击后的其他用法：
2. 使用护手拨开对手攻来的手，而后膀手变招挂锤，直击对手面门；
3. 护手可以直接变招摊手，托腮攻击对手；
4. 护手可以直接变招抓手，而后以膀手攻击对手喉部；
5. 护手可以直接变招抓手，而后以膀手变招凤眼拳，攻击对手下颚；
6. 膀手可以直接变招摊手，托腮攻击对手；
7. 膀手可以直接变招抓手，同时护手攻击对手喉部；

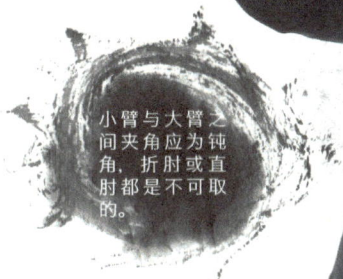

小臂与大臂之间夹角应为钝角，折肘或直肘都是不可取的。

膀手卸掉对手攻击后的其他用法：

8. 膀手滑至对手攻来的手上方，同时护手直接攻击对手喉部；
9. 膀手直接变招搭手，同时护手出拳攻击对手；
10. 膀手直接变招凤眼拳，攻击对手下阴，一旦对手弯腰，再采用护手出击；
11. 护手可以直接变招抓手，而膀手用肘部猛击对手胸部，再变挂锤攻击对手面门；
12. 护手可以直接变招抓手，而膀手用肘部猛击对手胸部，再变招托腮掌攻击对手，此招也称底腋藏花；
13. 护手可以直接变招抓手，而膀手用肘部猛击对手胸部，紧接着攻击对手肘部，或施以过肩摔。

‖ 抓手

单手抓手

抓手，顾名思义，即手呈爪状。重在以腰马发力，借力打力、以柔克刚。对手实施大力攻击时，可用来卸去对手攻击、改变其出力方向，同时配合护手反击。

需要注意的是，抓手必须收缩肘部，不可飞肘。

外门

十个击打位置：
头发、脸、下颚、
脖子、锁骨、手、
手肘、脚腕、
膝盖、臀部。

内门

用法1：
使用抓手抓住对手手腕，同时护手变招冲拳，直接出击。

——应用二

内门

用法2：
左手使用抓手抓住对手手腕，同时护手直接攻击肘部。

其他用法：
一、抓手卸掉对手攻击后的用法（内、外门皆可）
1. 护手变招杀颈手，直击对手喉部；
2. 护手变招托腮掌，直接托腮；
3. 护手直接变招肘部猛击。

二、反抓手的用法
1. 内门：以反抓手近对手身，护手变拳，由下出击，同时可以加上肘部攻击，上下齐发；
2. 外门：以反抓手近对手身，直接用肘部攻向对手手臂；
3. 外门：以反抓手近对手身，用肘部力压对手二头肌，同时护手直接出击。

双手抓手

与单手抓手动作大致相同，力量更为强劲。

三、双抓手的用法（内门）
1. 当被对手双手锁喉，可先摊开双手，小步后退，变招双抓手后提起膝盖，攻向对手要害。

圈手

单手上方圈手

圈手是一种以柔克刚、连消带打的手法，以手腕为轴，手掌做一个整圆的弧形旋转动作。单手上方圈手，主要用来应对对手针对胸部以上的部位的攻击。

双手抱拳，然后右手前伸，手心向上（如图1）；朝内旋转手腕，手肘略微抬起（如图2）；朝内旋转手腕，手心向外，手肘上抬，然后左手松拳、掌心向上（如图3）；左臂向前推出，拇指向上，手掌前击（如图4）。

无论采用拳法或掌法，击中对手时，我方手腕都会受到强大的反作用力。而使用圈手，可以保护我方手腕不受反作用力挫伤，用最短的时间、最小的力量改变对手来力方向，从而化解攻击。圈手常配合拦手同时使用，先以拦手卸掉对手锁扣擒拿手等攻击，再变招圈手反击，同时化解我方出拳的反震力。

——应用

用法 1：
内门变招圈手，另一只手辅以冲拳、托腮等攻击；

内
门

用法 2：
外门变招圈手，另一只手辅以冲拳、托腮等攻击。

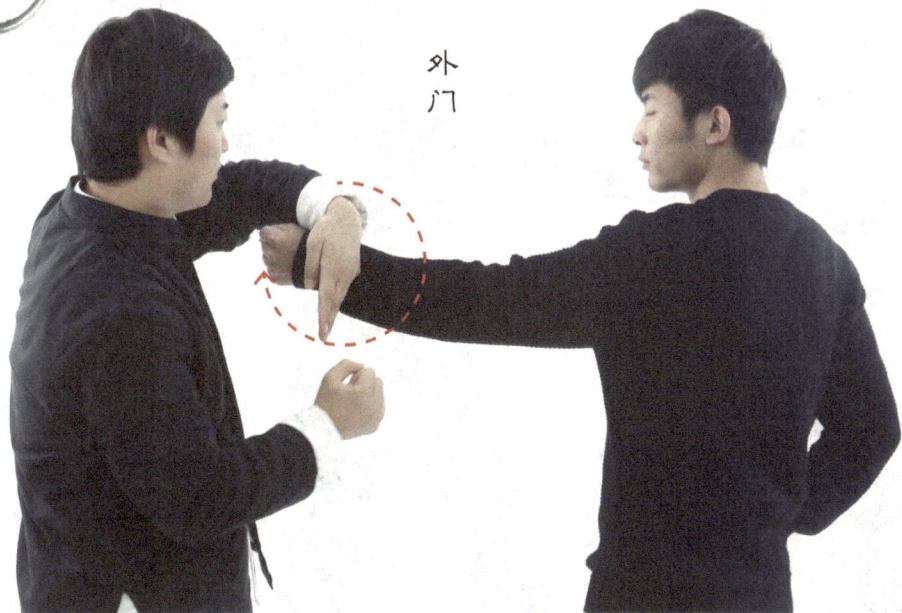

外
门

其他用法：
3. 外门变招圈手，另一只手由腋下直接钻进内门，托腮攻击对手。

单手下方圈手

与单手上方圈手动作大致相同。下方圈手主要用来应对对手针对胸部靠下部位的攻击。

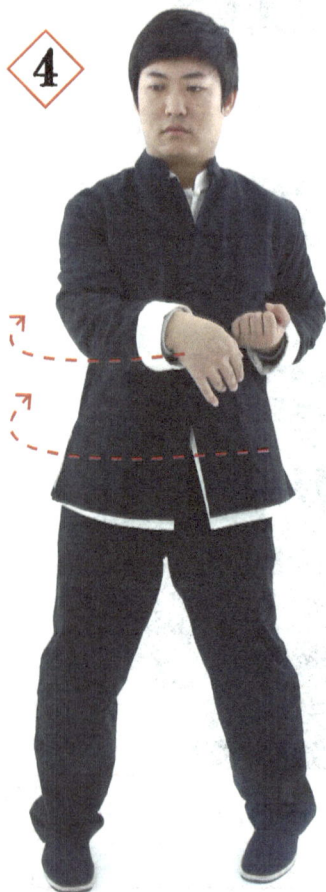

旋转时，应保持身体稳定、劲力不散，身体结构、手法切忌变形。

双手抱拳，放于腰部两侧（如图1）；右手前置，掌心向上（如图2）；手腕向内侧收，抬高手肘（如图3）；向内旋转手腕，然后带动右臂及身体向右旋转（如图4、图5）。

应用

用法 1：
内门变招圈手，另一只手辅以冲拳、托腮等攻击；

外门

用法 2：
外门变招圈手，另一只手辅以冲拳、托腮等攻击。

外门

其他用法：
3. 内门变招圈手，直接攻击对手肋部；
4. 外门变招圈手，直接攻击对手肋部。

双手圈手

左右两手同时圈手，但方向相反。

肘部发力，旋转时
以手腕为轴，可以
加强手腕柔韧度及
协调性。

开马站立，双臂抬起，双掌掌心向
内（如图1）；双手手腕内扣（如
图2、图3）；保持双掌掌根相对，
旋转手腕，指尖指向两侧（如图4）；
双臂伸直，双掌前击（如图5）。

杀颈手

封喉杀颈手

杀颈手，即使用手掌小鱼际外侧出击，像刀一样锋利，直攻对手喉部。注意保持掌心向下。

初学者可使用手肘底部发力。

— 应用

用法1：
与摊手配合使用，借力打力，直攻对手喉部。

内门

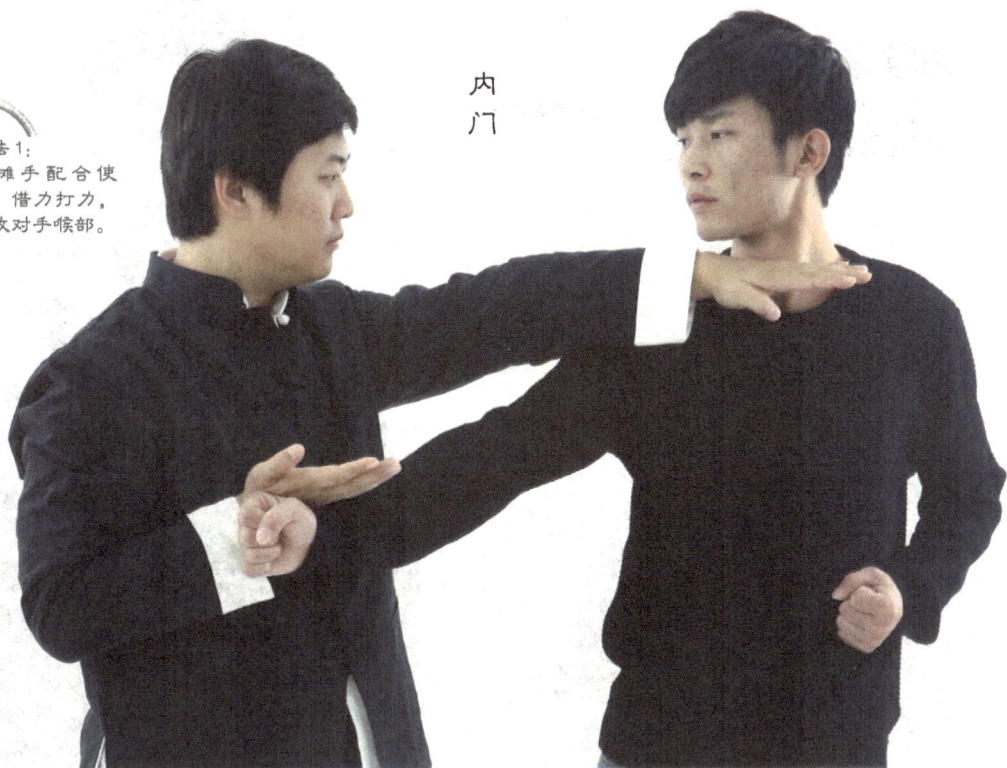

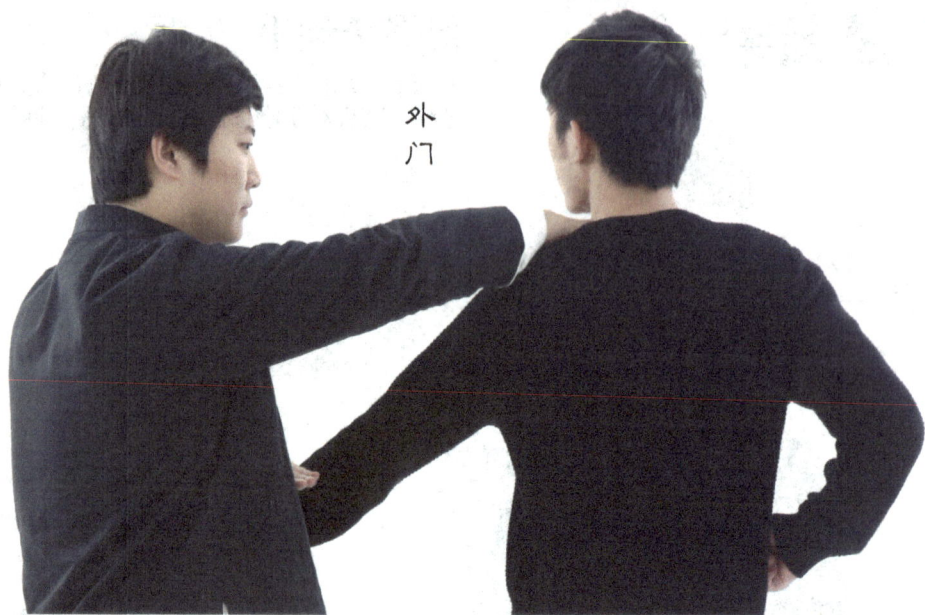

外门

可从"四门切掌"练起，注意以肘部为轴心，保持双臂端平。
其他用法：
2. 与摊手配合使用，连消带打，直攻对手喉部。

切掌杀颈手

与封喉杀颈手类似，也用于攻击对手的脖颈部位。
不同之处在于，掌心朝上。

—应用

用法：
直接使用切掌杀颈手，攻击对
手颈部。

内门

外门

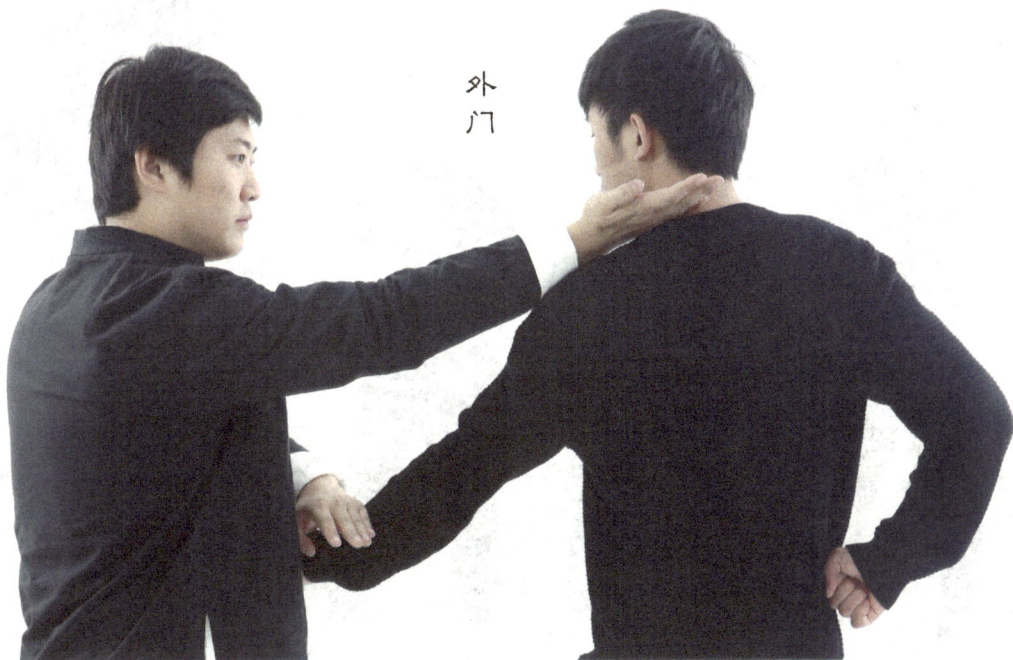

伏手

常规伏手

是一种借力打力的手法，通过听劲化力，感知对手的攻击力道，进而变招反击。

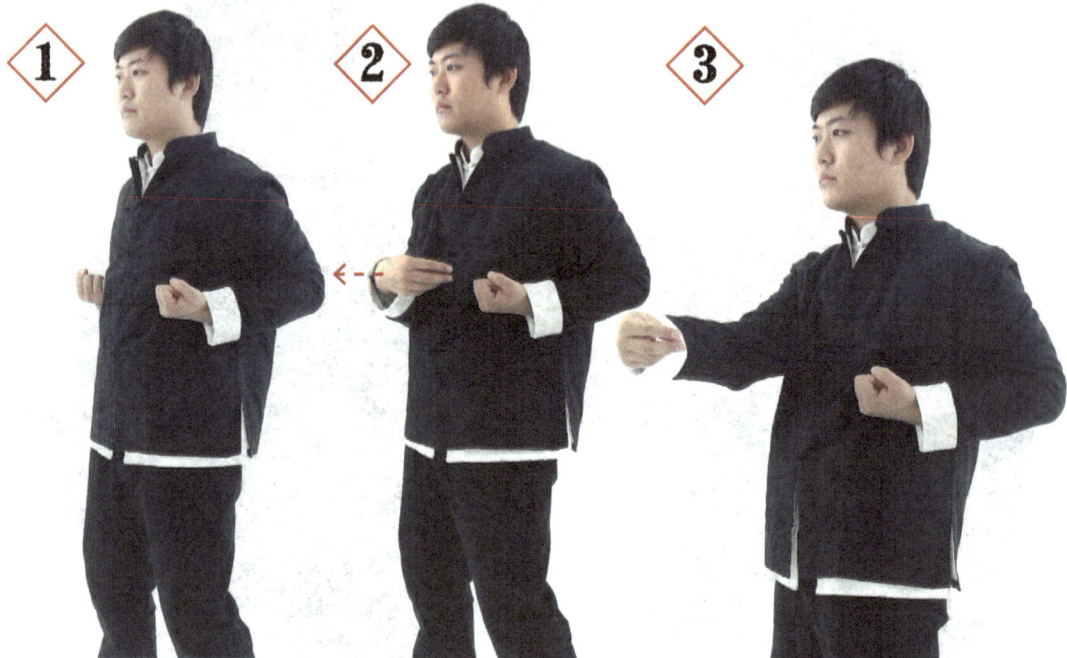

① ② ③

开马站立，双手抱拳，放于腰部两侧（如图1）；右手掌心向内，五指内扣（如图2）；手腕发力带动手臂，向前推进肘部（如图3）。

阴松阳紧：
如将伏手动作定住细细体会，可以发现手臂及胸腹内侧处于一种放松的状态，同时手臂外侧、躯干及下肢背侧处于一种拉伸的紧绷状态，这就是所谓的"阴松阳紧"，隐隐蕴含着控制之意。这是咏春拳发力的诀窍之一，与攻击力度及效果密切相关。

蛇形伏手

蛇形伏手，因手掌形似蛇头、手臂形似蛇身而得名，可变化为标指。注意时刻保持指尖指向对手一方。

① ② ③

开马站立，双手抱拳，放于腰部两侧（如图1）；左手出拳，右手掌心向下，且平摊贴放于左臂下方（如图2）；而后，左拳使用伏手前击，既可上下移动，也可左右移动（如图3）。

咏春拳中的伏手，是一种功技合一的巧妙手法，运用时并不拘泥于固定手型，重在实战中的本能反应。伏手与其他几种手法的区别在于：膀手使用手臂部位接桥；摊手接桥时手心向上；而伏手接桥时手心可向下、向前、向左或向右，并能控桥。

将手

将的意思，是用手顺抹。顾名思义，将手手法重在借力，顺从力的方向，使其为己所用。

开马站立，双手抱拳，放于腰部两侧（如图1）；双臂抬起，双手朝外，掌心向下，手型似"八"（如图2）；使用手掌小鱼际外侧，感受对手劲道，再借力使力，顺从对手劲力实施攻击（如图3）。

——应用

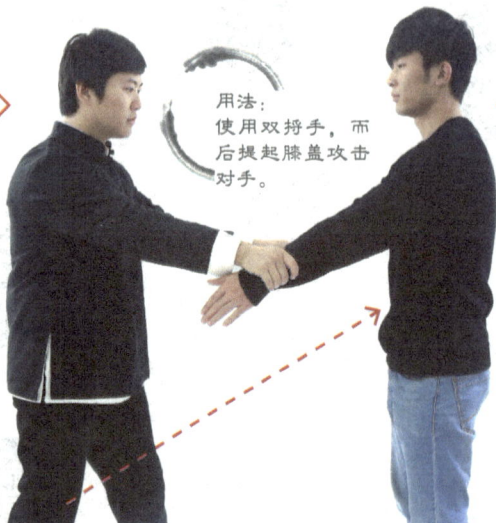

用法：
使用双将手，而后提起膝盖攻击对手。

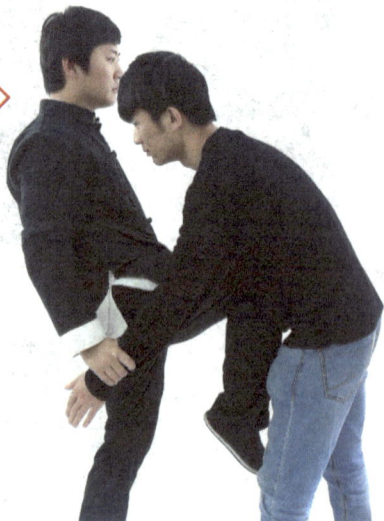

48

搭手

搭手是咏春拳攻防转换的一种蛇形手法，旨在以弱制强。使用搭手，可以通过由外向内、由上向下的伏压，四两拨千斤，压制对手力道，使其陷于被动局面。

以前臂外沿为着力点，依据对手来击进行相应的高低调整。

开马站立，双手抱拳，置于腰部两侧（如图1）；左手手掌掌心向上，往前摊出（如图2）；左手手肘略微弯曲，左手手掌快速翻转向下，右手变拳出击（如图3）。

加强搭手力道，可下移身体重心，并且略微右偏。

用法：

一、单搭手

1. 内门：使用搭手，同时另一只手出拳攻击；搭手也可变招标指或回手，攻击对手；

2. 外门：使用搭手，同时另一只手出拳攻击；搭手也可变招标指或回手，攻击对手；

3. 外门：使用搭手，同时另一只手出击对手肋部。

二、双搭手

1. 使用双搭手，然后单手或双手变招将手（内、外门皆可）。

打眼手

打眼手是咏春拳中一种攻击手法，使用双手手掌托住对手面部，再以大拇指攻击对手眼睛。

① ② ③

开马站立，二字钳阳马姿势预备（如图1）；两掌掌心相对，绷紧虎口和各指关节，两臂向内弯曲（如图2）；手臂往前推出，切忌改变手部姿势（如图3）。

重心后倾，身体中部前突。

应用

用法：
1. 内门：使用双摊手，然后直接变招打眼手，攻击对手；
2. 外门：使用双摊手，然后直接变招打眼手，攻击对手；
3. 外门：使用窒手，然后直接变招打眼手，攻击对手。

双托手

双托手，是咏春拳中一种用来改变对手攻击方向的手法。其姿势要领为：手心朝上，用手掌托开对手的肘部或手掌。

开马站立，双手抱拳，置于腰部两侧（如图1）；双手松拳，微屈肘部，双掌前摊，手心向上（如图2）；手臂抬起，手腕上顶，注意不要内收手掌（如图3）。

用法：
1. 使用摊手，然后直接变招托手攻击；
2. 使用托手，托住对手击来的手肘；
3. 使用双托手，然后直接变招破中掌攻击。

耕拦手

耕拦手，是咏春拳中一种攻防一体的手法，由耕手和拦手组成，其中，耕表示击打，拦表示拦截。

开马站立，双手抱拳，置于腰部两侧（如图1）；右臂弯曲，掌心向内，左臂手肘放松，掌心向下（如图2）；耕手肘部弯曲，拦手肘部伸直或微曲，两手同时发力，保持手指、手掌、手腕、前臂呈一条直线，同时到位（如图3）。

耕拦手可与转马配合练习，注意左右交替互换进行训练。

用法：
1. 使用耕拦手，可以同时防住对手双手来击；待完成防守后，拦手变招按掌、耕手变招冲拳，即可反击；
2. 使用耕拦手，可以同时防住对手双手来击；待完成防守后，耕拦手直接变招蝴蝶掌，即可反击；
3. 使用耕手防住对手下路拳脚击来的同时，拦手变招杀颈手，直接攻击对手颈部，上下齐发；
4. 使用拦手防住对手上路拳击来的同时，耕手直接攻击对手肋部，上下齐发。

顶手

五指聚拢，紧直内扣。

二字钳阳马站立，双手抱拳（如图1）；双臂前伸，双手松拳变掌，掌心向下（如图2）；手臂前伸，手指蓄力，肘部内收，手指聚拢内扣，指尖朝下（如图3）。

用法1：
对手出拳快速攻来，侧拍掌防御不及时，使用顶手攻其关节、穴位、大臂根部等部位。

用法2：
双手被对手抓住，可以使用顶手挣脱。

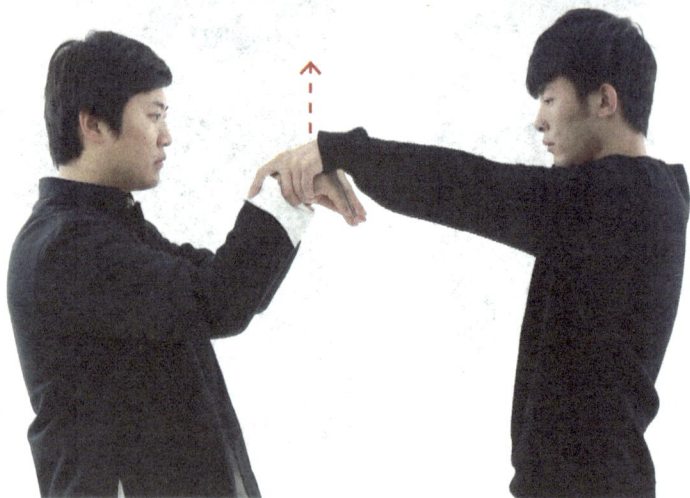

用法3：
对手出拳攻来，我方双手皆使用顶手迎战，一手后拉，另一只手直攻对手下颚，攻防一体。

窒手

单手窒手

咏春拳有"长桥能发力，短桥能自保"的说法。窒手，又称枕手，属于短桥手法，常用于防守。

 窒手使用手腕部位发力，实战中常用来截住对手来手，手腕下枕转移对手重心，同时出拳反攻。

—应用

1

②

用法：
一、单窒手（枕手）
1. 对手锁喉攻来，我方可使用单窒手外门枕压对手肘窝，另一只手攻击对手拇指；
2. 对手锁喉攻来，我方可使用单窒手枕压对手手腕，然后变招圈手或伏手，另一只手托住对手肘部进行攻击；
3. 对手锁喉攻来，我方可使用单窒手外门枕压对手肘窝，另一只手攻击对手肋部。

双手窒手

手型与单手窒手类似，两手同起同落，在被对手锁喉时能够更好地实施挣脱及反击。

①

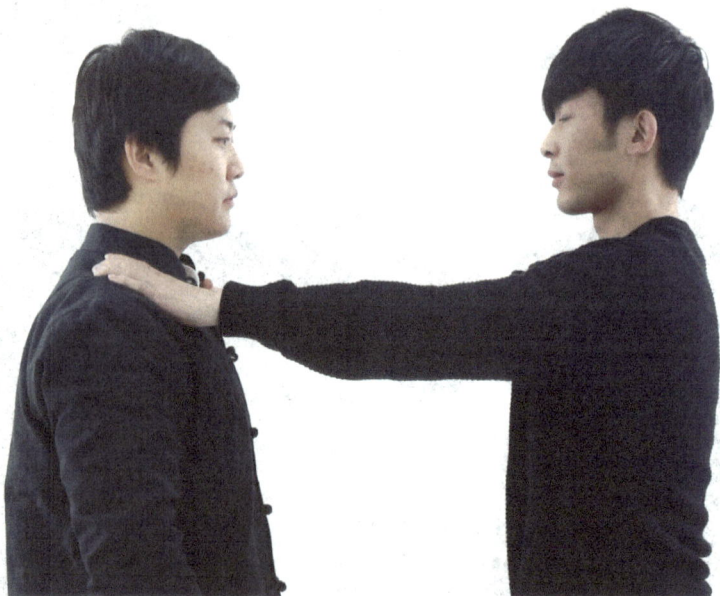

②

两指指尖相触，与手掌根部形成三角形。

③

被对手锁喉（如图1）；双臂抬起，双掌掌心相对，高于对手手肘（如图2）；手肘微曲，合掌下落，用掌根击向对手肘窝，使其重心前倾，不能稳定身形（如图3）。

用法：
二、双手窒手（枕手）
1. 被对手双手锁喉，我方可使用双窒手外门枕压，然后变招标指、托腮或打眼手攻击对手；
2. 被对手双手锁喉，我方可使用双窒手外门枕压，然后变招杀颈手，攻击对手喉部；
3. 被对手双手锁喉，我方可使用双窒手外门枕压，然后变招攀颈手，提起膝盖，攻向对手；
4. 被对手双手锁喉，我方可使用双窒手外门枕压，然后一只手变招按掌，另一只手直接攻击对手；
5. 使用双手窒手，若被对手借力以挂锤手反击，可直接变招双托手回击。

攀颈手

单手攀颈手

攀颈手是咏春拳中的一种攻击手法，手抓对手颈部，通过改变对手重心，来获得反击机会。

①

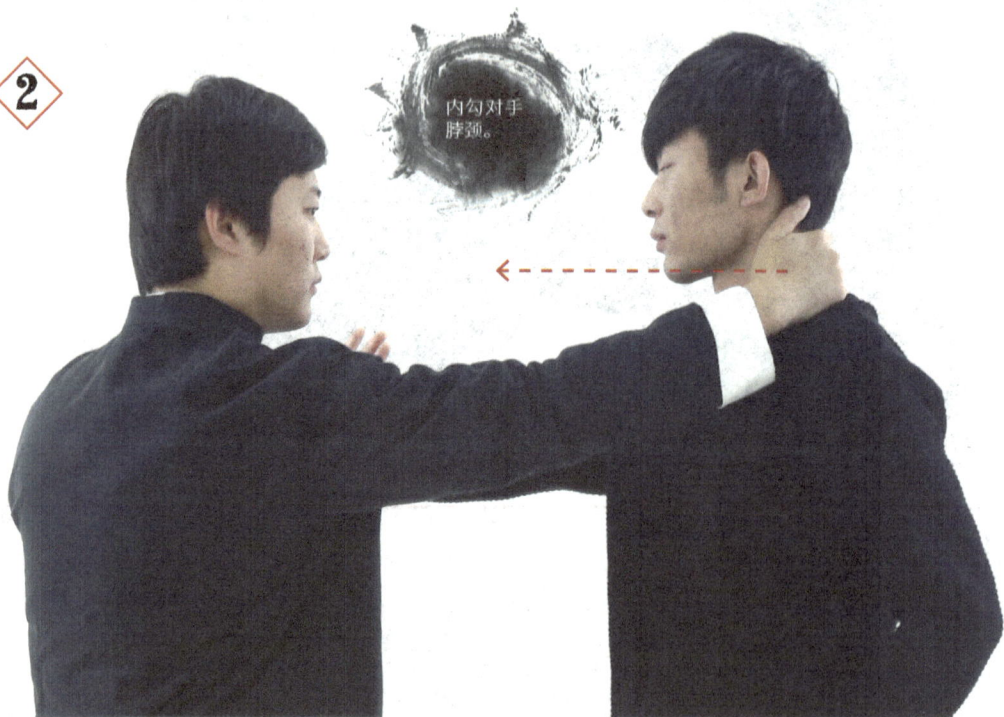

② 内勾对手脖颈。

对手出拳来袭（如图1）；前摊防住来拳，右手使用攀颈手，内勾对手脖颈（如图2）；左手变招冲拳，攻击对手（如图3）。

双手攀颈手

比单手攀颈手力道更大，改变对手重心，使其不能保持身体平稳，从而更有效地实施挣脱。

2

切忌双臂肘部弯曲。

3

手臂内拉，保持手掌劲力。

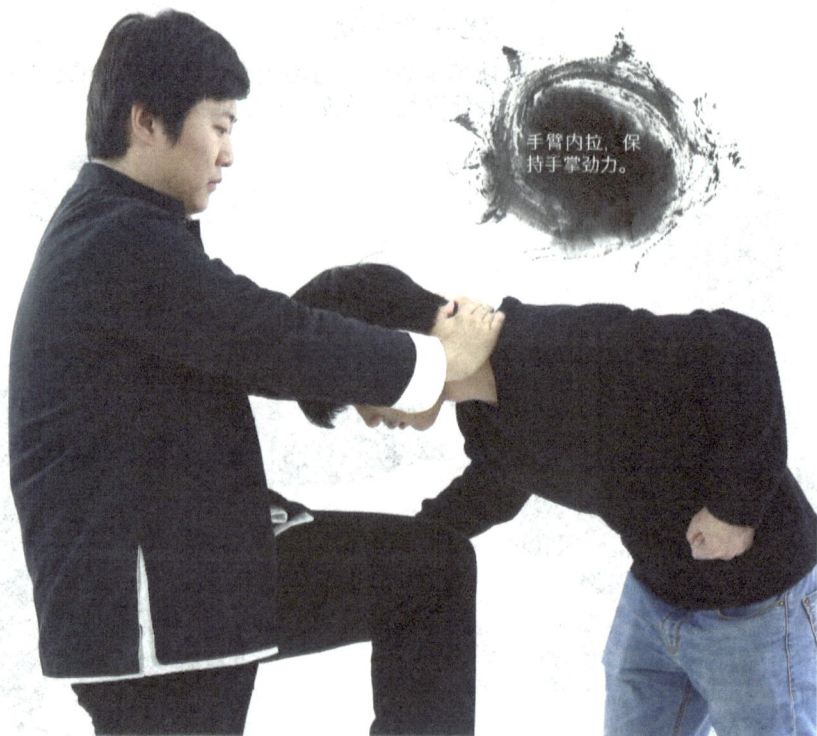

对手出拳来袭（如图1）；双臂前伸，身体前倾，双手攀对手颈项（如图2）；重心后移，双臂内收，手掌加力，内扣对手颈项，拉动对手身体前倾（如图3）。

掌法
正拍掌

正拍掌是咏春拳的基本功之一，掌形是柳叶掌，特点为用掌根攻击，可用来夺中守中。

开马站立，双手抱拳，置于腰部两侧（如图1）；双拳变掌，掌心向上，将右掌放于左掌之上（如图2、图3）；左掌收回至中线，右掌从中线向外击出，掌心向外（如图4）。

保持出掌时手背与肩膀同高。

用法：
1. 与日字冲拳用法相同；
2. 与对手互桥时，可以从下方钻出正拍。

‖ 侧拍掌

上侧拍掌

掌心朝身侧、向上拍出，可由护手直接变招而来。

开马站立，双手抱拳，置于腰部两侧（如图1）；右手松拳变掌，掌心向左（如图2）；手指向上，手掌从胸前击出（如图3）。

用法：

1. 内门：使用上侧拍掌，拍开对手攻击，另一只手出拳，从掌下打出；
2. 内门：使用上侧拍掌，拍开对手攻击，然后变招杀颈手，直击对手喉部；
3. 外门：使用上侧拍掌，拍开对手肘部来击，另一只手出拳，从掌下打出；
4. 外门：使用上侧拍掌，拍开对手肘部来击，另一只手变招耕手，攻击对手肋部。

下侧拍掌

与上侧拍掌类似，掌心朝身侧、向下拍出。

开马站立，双手抱拳，置于腰部两侧（如图1）；左手松拳变掌，掌心向右（如图2）；手指向上，手掌从胸前击出，掌心朝下，掌根向外发力（如图3）。

掌根外凸，手指保持劲力。

用法：

1. 内门：使用下侧拍掌，拍开对手攻击，另一只手出拳，从掌上打出；
2. 内门：使用下侧拍掌，拍开对手攻击，然后变招耕手，攻击对手肋部；
3. 外门：使用下侧拍掌，拍开对手攻击，另一只手出拳，从掌上打出；
4. 外门：使用下侧拍掌，拍开对手攻击，另一只手变招杀颈手，攻击对手喉部。

横掌

横掌，顾名思义，就是将手掌横放，左手手指朝左，右手手指朝右。实战中常用来攻击对手上身及身侧；若位置下移使用，便是击肋掌。

开马站立，双手抱拳，放于腰部两侧（如图1）；左手松拳变掌，掌心向上，指尖向前（如图2）；手掌从中线位置向前击出，保持手腕与肩膀同高，左手指尖向左（如图3）。

击肋掌

单手击肋掌

击肋掌是横掌的一种延伸用法，配合转马，可加强力道，攻击对手肋骨部位。

开马站立，双手抱拳，放于腰部两侧（如图1）；左手松拳变掌，掌心向上，指尖向前，从腰部位置出掌（如图2）；手掌从中线位置向下前方击出，左手指尖向左（如图3）。

用法：
1. 外门使用摊手，防住对手攻击，另一只手使用击肋掌攻击对手肋部；
2. 外门使用拦手，防住对手攻击，另一只手使用击肋掌攻击对手肋部；
3. 外门使用抓手，防住对手攻击，另一只手使用击肋掌攻击对手肋部。

双手击肋掌

与单手击肋掌类似，配合转马，两掌同时击向对手肋骨部位。

开马站立，双手抱拳，放于腰部两侧（如图1）；两手同时松拳变掌，从腰部击出，掌心向上，指尖向前（如图2）；双掌同时击向下前方，保持双手手掌掌根相对，左手指尖指向左，右手指尖指向右（如图3）。

用法：
1. 内门使用双扶手，防住对手攻击，双下圈手直接变招双手击肋掌，攻击对手；
2. 内门使用双窒手，防住对手攻击，双下圈手直接变招双手击肋掌，攻击对手；
3. 内门使用双圈手，然后变招击肋掌，攻击对手。

下拍掌

下拍掌是横掌的一种变化掌法，手心朝下击出。实战中常用来拦防下路攻来的拳、脚、膝盖等，同时可用另一只手直接反击。

① ② ③

开马站立，双手抱拳，放于腰部两侧（如图1）；左手松拳变掌，由中线出击，掌心向上（如图2）；掌至腰前，翻转手掌，掌心向下击出（如图3）。

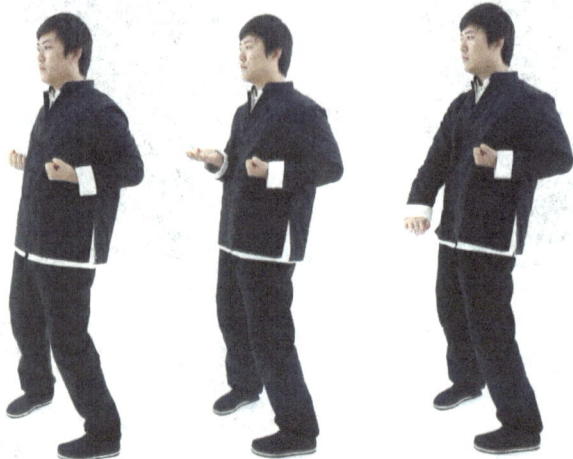

按掌

按掌也是横掌的一种变化掌法，手指朝下，由上往下按，多用于击打对手腹部。

开马站立，双手抱拳，放于腰部两侧（如图1）；左手变掌，指尖向前，掌心向上（如图2）；由上至下沿中线出掌，掌根外凸，指尖向下（如图3）。

手心向下，力达手腕。

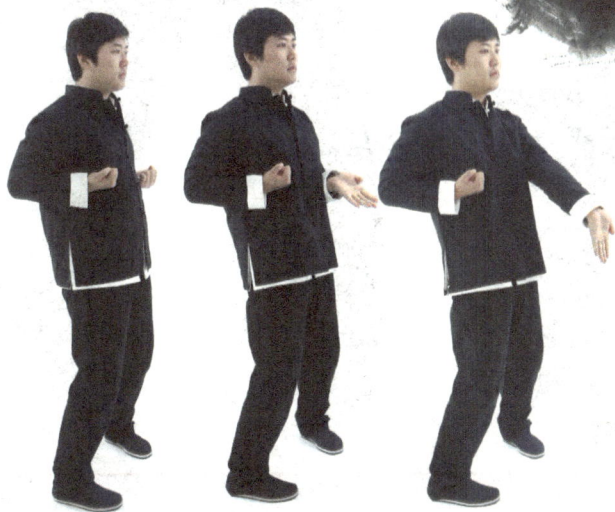

用法：
1. 外门使用耕手，反转手腕滑进内门，然后变招按掌，攻击对手腹部；
2. 内门使用耕手，然后变招按掌，攻击对手腹部，另一只手可由冲拳变招正拍掌，组成蝴蝶掌攻击对手。

蝴蝶掌

蝴蝶掌是咏春拳中一种两掌齐发的组合掌法，由上手正拍掌、下手按掌组成。因其两手手掌掌根相抵，两手张开似蝴蝶，得名蝴蝶掌。

开马站立，二字钳阳马姿势预备（如图1）；双手松拳变掌，掌心向上（如图2）；双手旋转手腕，右掌掌心向外、指尖向上，左掌掌心向外、指尖向下，然后以手肘底部发力，运劲于掌，从胸前击出双掌，攻向身体下前下方（如图3）。

保持手掌高度与腰平。

用法：
1. 内门使用摊手，然后变招正拍掌，另一只手变招按掌，组成蝴蝶掌反击对手，上下齐发；
2. 外门使用摊手，然后变招正拍掌，另一只手变招按掌，组成蝴蝶掌反击对手，上下齐发；
3. 外门使用摊手，然后顺势下按变招按掌，另一只手变招正拍掌，组成蝴蝶掌反击对手，上下齐发；
4. 对手双拳上下来袭，我方可外门使用摊手，旋转按下对手来手，而后下手上翻变招正拍掌，双掌旋转出击，组成蝴蝶掌。

底腋藏花

单手底腋藏花

底腋藏花是咏春拳中的一种攻击掌法，从对手腋下"钻"上，由下向上托腮攻击对手。

开马站立，双手抱拳，放于腰部两侧（如图1）；左手前推，指尖向前，掌心向上（如图2）；左掌变立掌，沿身体中线出击，指尖向上，手掌小鱼际侧向外（如图3）。

—**应用一**

用法1：侧身面向对手时，可直接托腮攻击，无需转身。

掌根向
上顶。

用法 2：
外门使用摊手，然后变招抓手、矮身、肘部攻击对手，再从对手腋下钻上，实施托腮攻击。

①

②

③

右手向下拽。

④

双手底腋藏花

与单手底腋藏花类似，注意双掌高度一致且同时出击。

开马站立，双手抱拳，放于腰部两侧（如图1）；双手松拳变掌，掌心向上，向前推出（如图2）；手臂伸展，保持双掌出击高度与肩平（如图3）。

破中掌

单手破中掌

破中掌是咏春拳中的一种在攻击对手的同时防守住自身中线的掌法。需要注意的是，破中掌用来攻击对手的部位是手掌掌根。

开马站立，二字钳阳马姿势预备（如图1）；左手由拳变掌，掌心向上（如图2）；身体中线位置出掌，指尖向上，前击时立掌（如图3）。

用法：
1. 问手变招破中掌攻击对手，若被对手防住，则甩手直冲，借力变招挂锤；
2. 使用拦手防住对手攻击，而后变招破中掌。

双手破中掌

与单手破中掌动作类似，双掌齐出，强攻对手的同时守防自身中线。

开马站立，二字钳阳马姿势预备（如图1）；双手由拳变掌，掌心向上（如图2）；双手立掌向前击出，掌心相对（如图3）。

用法：
1. 被对手双手锁喉，使用双摊手摊开，然后变招双手破中掌，反击对手；
2. 被对手双手锁喉，先使用双窒手，然后变招双手破中掌，反击对手；
3. 被对手双手锁喉，先使用双抐手，然后变招抓手，再变招双手破中掌，反击对手。

拳法
连环日字冲拳

连环日字冲拳是咏春拳初学者需要学习、掌握的第一种拳法。所谓连环，就是左右手交替使出日字冲拳。

开马站立，二字钳阳马姿势预备（如图1）；左右手交替使出日字冲拳，注意保持下身姿势不变（如图2、图3）。

连环日字冲拳的使用诀窍，一在于松，二在于快。所谓松，指的是肩膀放松，使劲力传递舒畅通达，出拳更具威力。所谓快，就是左右手交替出拳时，应保持收打同时，即一拳收回之际，另一拳已经打出。掌握上述两个诀窍，做到由慢到快，循序渐进，戒骄戒躁。同时，谨记"慢练快打"，即练习时保持平心静气，实战时才可以做到出拳既快又稳。

侧身拳

侧身拳是咏春拳中的一种长桥攻击掌法。侧身出拳攻击时，腰马发力。需要注意的是，侧身攻击与正身、近身面对对手有所区别，正身面对对手时讲究快速和巧劲，而近身面对对手时着重以寸劲和手肘的力量为主。

开马站立，二字钳阳马姿势预备，而后右手击出侧身拳，身体也随之扭转方向（如图1、图2、图3）；收回右拳，身体转正，恢复二字钳阳马（如图4）；左手出拳，身体向右侧扭转（如图5、图6）。

冲天炮拳

冲天炮拳是咏春拳中的一种攻击对手的组合掌法，上手为勾拳，下手为下拍掌。两掌旋转设防，勾拳可由下拍掌之内钻出，对对手下颚部位实施攻击。

开马站立，二字钳阳马姿势预备（如图1）；双臂放于胸前，交替扭转，注意保持下身姿势不变（如图2、图3）；双臂继续扭转，直至上手为勾拳、下手为下拍掌，完成一次出拳组合（如图4、图5、图6）。

凤眼拳应用

凤眼拳是咏春拳中的一种威力巨大的攻击掌法，穿透性强，实战中常用来击打对手穴位。

眼睛

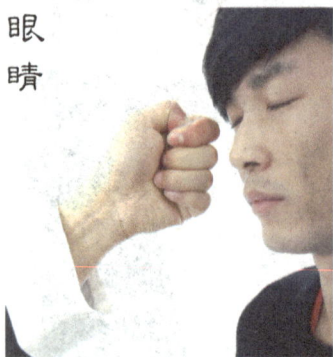

下颚

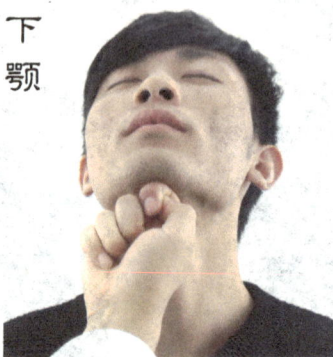

耳朵

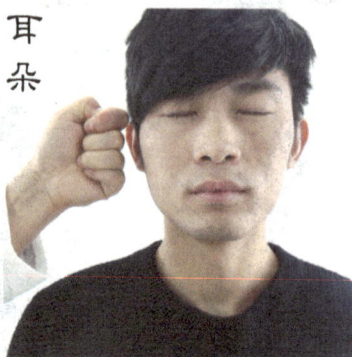

太阳穴

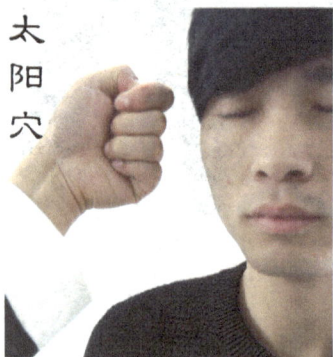

天突穴

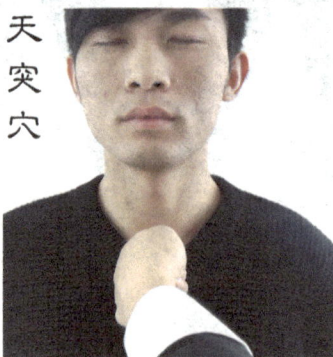

后脑

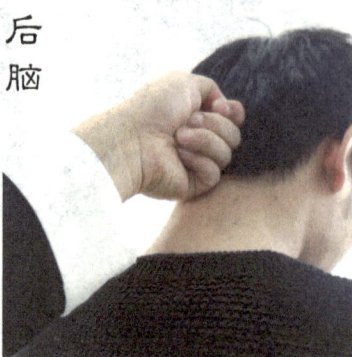

腋下

膻中穴

下阴

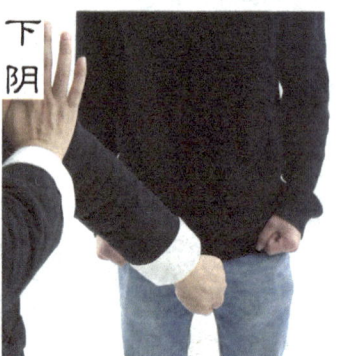

软肋

凤眼拳在实战中常用来击打人体穴位或其他薄弱部位。

主要训练食指的第二骨节，可以用来攻击对手的任何部位。

凤眼拳威力巨大，主要有五个击打方向：正打、侧打、从上往下打、反手向上打、反手向下打。

十个击打的基本位置：眼睛、下颚、耳朵、太阳穴、天突穴、后脑、腋下、膻中穴、下阴、软肋。

脚法和腿法
踏膝脚

踏膝脚是咏春拳中的一种攻击脚法，使用脚心发力，主要攻击对手膝盖等下肢部位。

① ②

开马站立，二字钳阳马姿势预备，双手握拳或变为其他掌法坐马提膝（如图1）；脚心发力，以膝盖为轴蹬出小腿，过程中脚尖侧30°勾起（如图2）。

脚尖上勾，微侧30°。

──应用

①

②

正蹬脚

正蹬脚是咏春拳中的一种攻击脚法，使用脚心发力，主要攻击对手的下阴、腹部或胸部。

① ②

脚尖正向上勾。

坐马提膝，大腿和小腿夹角为直角，保持膝盖和腰部同高（如图1）；使用脚心发力，以膝盖为轴蹬出小腿（如图2）。

——应用一

内门

外门

——应用二

与双抓手配合，可攻击对手中线。

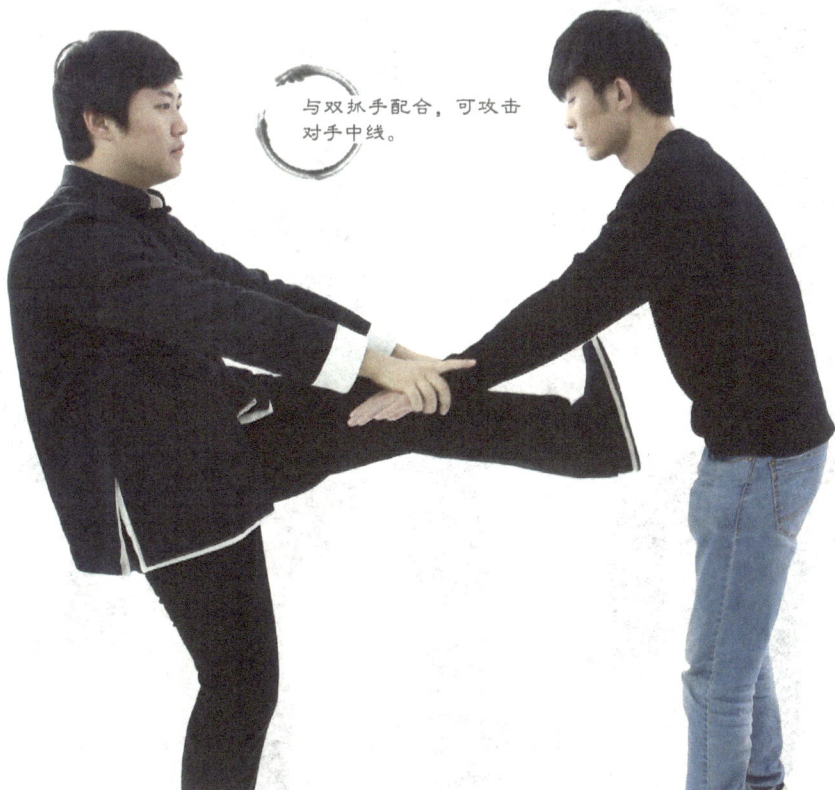

提膝

提膝是咏春拳中的一种攻击腿法，即直接使用膝盖攻击对手头部、腹部、下阴等部位。

开马站立，二字钳阳马姿势预备（如图1）；双手变招护手，上提右腿膝盖，左腿支撑身体（如图2）。

膝盖上顶，注意脚尖不上勾。

应用

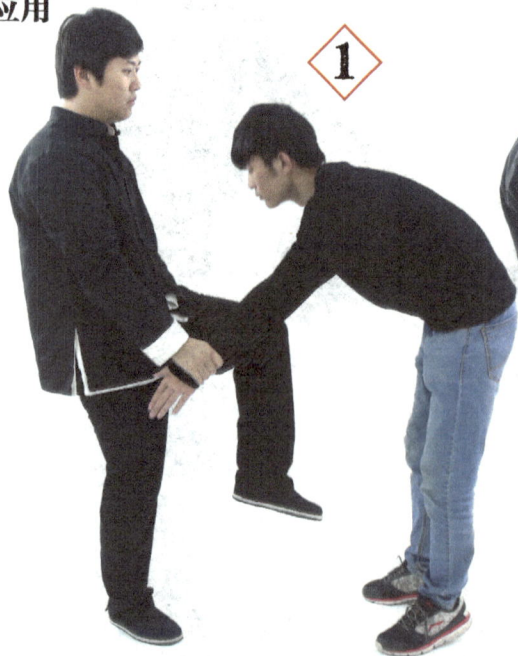

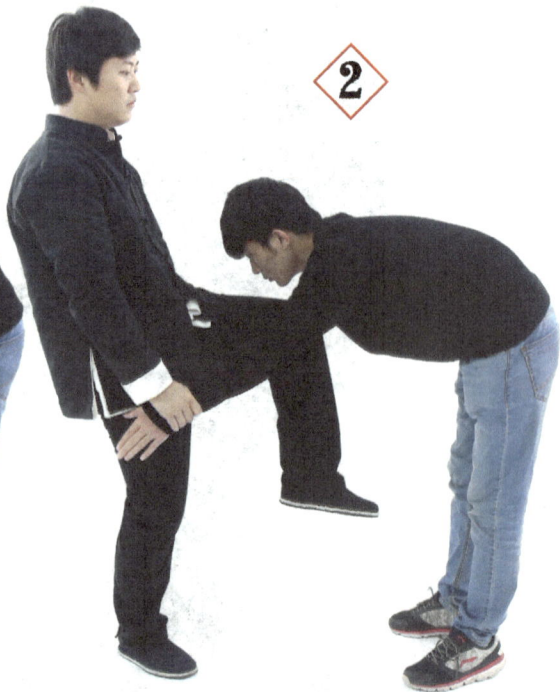

转马

转马，指原地转马，是咏春拳中的一种基本马步，可左右两侧转换方向。

开马站立，二字钳阳马姿势预备（如图1）；保持上肢不动，左腿伸直，脚尖转向左侧，同时右膝弯曲，身体在左脚脚尖的带动下激转向左侧（如图2）。

左脚脚尖转向左侧，保持双脚脚尖平行。

其姿势要领为：
1. 脚跟不动，以脚跟为轴，转动整个脚掌；
2. 脚掌平搓地面时使用腰部发力，带动马步转向；
3. 双脚朝向45°斜前方（不论朝左或朝右），且保持平行；
4. 坐马，重心放于后脚部位，前脚只是虚踩。

身体重心前倾，左膝弯曲，右腿伸直（如图3）；双脚发力，脚尖转向右侧，带动身体转向右侧（如图4）。

拖步转马

拖步转马指的是咏春拳中一种以二字钳阳马姿势预备，转马向左或右，可小移一步、脚掌拖地的马步技法。

① ② ③

其姿势要领为：
1. 脚跟不动，以脚跟为轴，转动整个脚掌；
2. 脚掌平搓地面时使用腰部发力，带动马步转向；
3. 坐马，重心放于后脚部位，前脚不支撑身体重量。

开马站立，二字钳阳马姿势预备（如图1）；以脚跟为轴，右脚脚掌前移一小步，却不抬起，同时左膝弯曲、右腿伸直且重心后坐，向右侧转马（如图2、图3）。

坐马前进

坐马前进为前进步，是实战中的一种基本的移动步法。

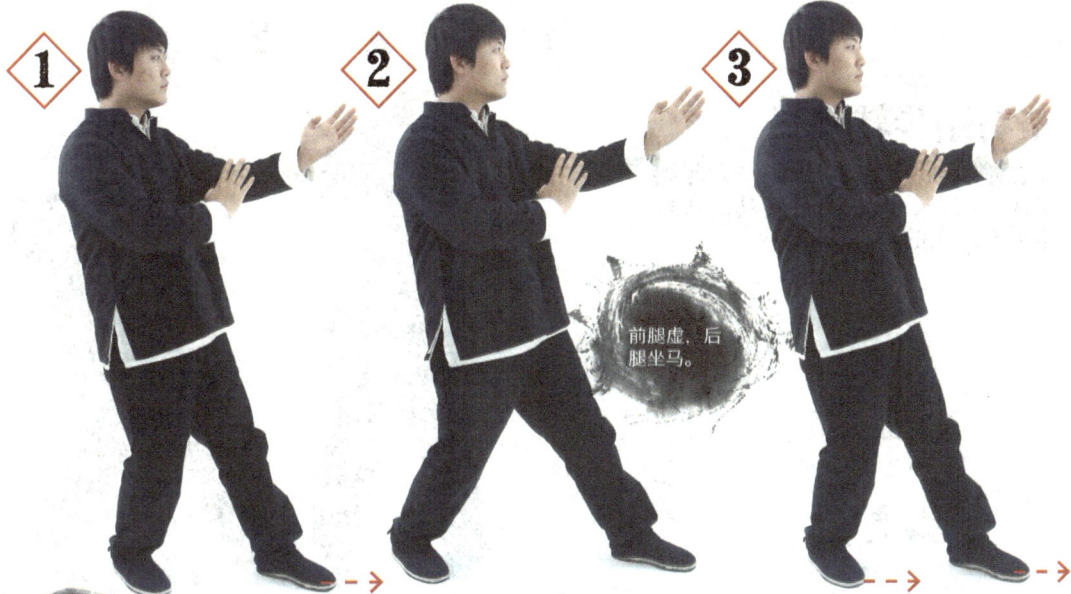

前腿虚，后腿坐马。

二字钳阳马站立，双手为护手（如图1）；保持上身不动，左脚前进一步，重心放于后脚（如图2）；后腿顺势前蹬、前脚顺势前进（如图3）。

坐马后退

坐马后退为后退步，也是实战中一种基本的移动步法。

二字钳阳马站立，双手为护手（如图1）；右脚上抬，脚尖点地，左腿在后，坐马（如图2）；保持左脚不动，右脚顺势后退（如图3）。

踏步转马

左右踏步转马

左右踏步转马以二字钳阳马为起始动作，向左、向右交替转马，实现水平方向上的左右移动。

开马站立，二字钳阳马姿势预备（如图1）；右脚右踏，顺势向右扭转身体及左脚（如图2、图3）；恢复二字钳阳马姿势，左脚左踏（如图4、图5）；顺势向左扭转身体及右脚（如图6）。

前后踏步转马

与左右踏步转马类似，前后踏步转马以二字钳阳马为起始动作，向前、向后交替移动。

开马站立，二字钳阳马姿势预备，（如图1）；左脚前踏，重心放于左脚，顺势向前转身（如图2、图3）；恢复二字钳阳马姿势，右脚后踏，重心放于右脚，顺势向后转身（如图4、图5、图6）。

别腿

别腿是咏春拳中的一种攻击腿法，通过压制对手膝关节搅乱其重心，同时配合上身攻击。

①

②

踩

踩是咏春拳中的一种基本腿法，常用于攻击对手脚部，使其失去主动性。

①

②

第三章

散式和肘部攻击练习

散式
散式单人练习

散式是咏春拳中的一种基本训练方式，讲究手脚配合，上下齐发，打出散招。可与原地转马配合练习，加强腰马合一、坐马攻击。

日字冲拳散式

日字冲拳散式指的是日字冲拳配合原地转马，具体步骤为：坐马，一侧手先出拳，配合转马，左右手交替出拳。

正拍掌散式

正拍掌散式指的是正拍掌配合原地转马，具体步骤为：坐马，一侧手先出掌，配合转马，左右手交替出掌。

摊打散式

摊打散式指的是摊手出拳配合原地转马，具体步骤为：坐马，一侧手先出拳，另一只手使用摊手，配合转马，左右手交替出拳。

耕打散式

耕打散式指的是耕手出拳配合原地转马，具体步骤为：坐马，一侧手先出拳，另一只手使用耕手，配合转马，左右手交替出拳。

拦打散式

拦打散式指的是拦手出拳配合原地转马，具体步骤为：坐马，一侧手先出拳，另一只手使用拦手，配合转马，左右手交替出拳。

耕拦手散式

耕拦手散式指的是耕拦手配合原地转马，具体步骤为：坐马，一侧手使用拦手，另一只手使用耕手，配合转马，左右手交替打出。

上侧拍散式

上侧拍散式指的是上侧拍掌配合原地转马，具体步骤为：坐马，一侧手先出拳，另一只手使用上侧拍掌，拳在掌下，配合转马，左右手交替打出。

下侧拍散式

下侧拍散式指的是下侧拍掌配合原地转马，具体步骤为：坐马，一只手先出拳，另一只手使用下侧拍掌，拳在掌上，配合转马，左右手交替出掌。

肘部散式

上顶肘

后顶肘

肘部散式包括上顶肘、后顶肘、前压肘、侧直击、左摆肘（右摆肘）五种肘部攻击，皆以二字钳阳马为基础。

前压肘

侧直击

左摆肘

肘部攻击
右摆肘攻击

咏春拳的基本肘击方式之一，配合外门抓手，摆肘直接攻击。

① 内门左侧

②

对手出拳袭击我方左侧，使用左掌挡击（如图1）；身向左转，左手抓住对手出拳手，压制其反击（如图2）；左手下拉对手，右肘上攻对手脖颈部位（如图3）。

左摆肘攻击

与右摆肘攻击方法类似，区别仅在于攻击用手。

① 外门左侧

②

对手使用右拳袭击我方（如图1）；使用右手，从外侧抓住对手手腕（如图2）；转动身体，使用左摆肘攻击对手颈部（如图3）。

内门右侧

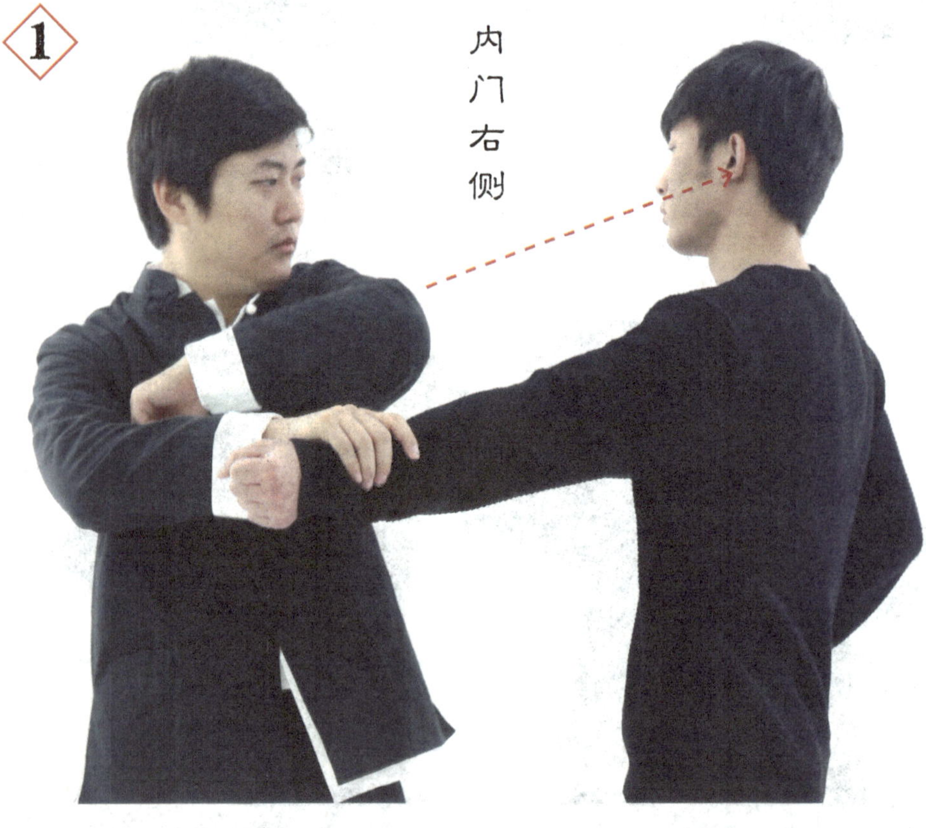

2

对手使用左拳袭击我方左侧，使用左手抓住对手左臂，卸去攻击（如图1）；转动身体，左手保持抓住对手右臂的劲力，右肘同时上抬，攻击对手脖颈部位（如图2）。

1

内门右侧

对手使用左拳袭击我方（如图1）；右掌平摊，旋转手腕，抓住对手腕部（如图2）；转动身体，使用左撞肘攻击对手下颚部位（如图3）。

肘部直击

肘部直击指的是使用肘部直击对手薄弱部位，可与外门抓手配合使用，攻击部位包括对手喉部、头部等部位，攻击力极强。

对手使用直拳袭击我方，右掌平摊（如图1）；翻转手腕，变招抓手，从外侧抓住对手腕部（如图2）。

③

立刻右转身体，抬高手肘，使劲将对手手臂下拉，使用左侧肘部，直接攻击对手颈部（如图3）。

上顶肘攻击

上顶肘攻击通常用来攻击对手位置较高的部位，如下颚等，可与内门抓手配合使用。

①

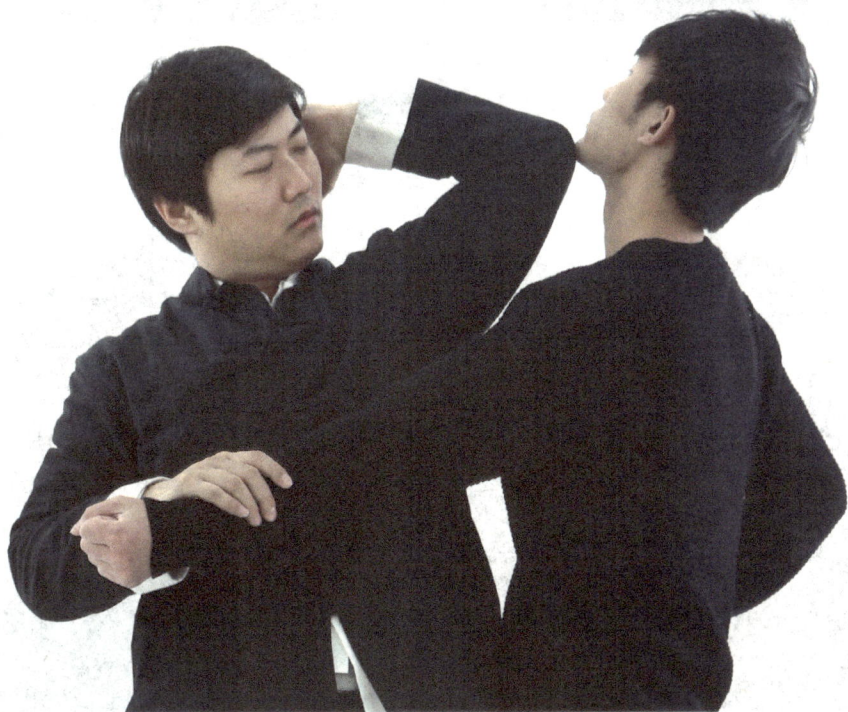

对手使用直拳袭击我方（如图1）；右手使用内门抓手，制住对手手臂，转动身体，抬高左手肘部（如图2）；
紧抓对手手臂，同时左肘使用上顶肘攻击，兼向对手下颚（如图3）。

下顶肘攻击

①

②

对手使用直拳袭击我方，右手使用外门抓手，制住对手手臂，转动身体，抬高肘部（如图1）；右手制住对手手腕，同时左肘使用下顶肘攻击，袭向对手肘窝（如图2）。

下劈肘攻击

与下顶肘攻击类似，向下以肘部攻击对手薄弱部位。下劈肘攻击可与外门抓手配合使用，直接攻击对手后颈。

对手使用直拳袭击我方，转动身体，左手使用抓手，从外门抓住对手手腕（如图1）；制住对手手腕，同时右肘下劈，攻击对手后颈（如图2）。

抬肘攻击

抬肘攻击是一种向上肘击的方式，可与外门抓手配合使用，攻击对手下颚。

①

②

对手使用直拳袭击我方，转动身体，左手使用抓手，从外门抓住对手手腕，右肘向上抬起（如图1）；左手下拉对手手臂，同时上抬右肘，攻向对手下颚（如图2）。

第四章

咏春拳之母——小念头

第一段

立正

双手破中掌

双挂锤

收拳

第二段

开马步（二字钳阳马）  →

第三段

下防手（左手在上）

平升

上防手（左手在上）

收拳

左手凤眼拳

蛇形手（上下摆三遍）

蛇形手（先里后外摆三遍）

摊手

圈手

收

落

攥凤眼拳

斜上方三十度打下颚

收拳

右手凤眼拳

蛇形手（上下、先里后外各摆三遍）

摊手

圈手

收

落

攥凤眼拳

斜上方三十度打下颚

收拳

第五段

摊手

圈手

立掌

收

落

伏手（重复三次）

平推

圈手

立掌

116

收

侧拍掌

回手

手落回中

正拍掌

摊手

圈手

攥凤眼拳

压平小臂、斜下方点

收拳

—— **换右手重复第五段所有动作**

摊手

圈手

立掌

收

落

伏手（重复三次）

平推

圈手

立掌

收

侧拍掌

回手

手落回中

正拍掌

摊手

圈手

攥凤眼拳、压平小臂、斜下方点

收拳

第六段

左侧下方按掌

右侧下方按掌

后侧双按掌

前侧双按掌

两臂胸前平行双叠（左手在上）

摆头看左侧

摆头看右侧

看右侧，同时双手扫出端平

收两臂回胸前，平行双叠
（右手在上，同时摆正头部）

双挂锤

收拳

第七段

双摊手

左右手相叠（左手在外）

双手圈手

双手窒手

双标指（向斜上方标出）

双拂手

（后接双顶手）

双顶手

收拳

第八段

左手下侧拍掌

手落

圈手

击肋掌

圈手

攥凤眼拳

压平小臂、斜下方点

收拳

——换右手重复第八段所有动作

右手下侧拍掌

手落

圈手

击肋掌

圈手

攥凤眼拳

压平小臂、斜下方点

收拳

第九段

左手立掌

→

耕手、指尖带动向上立掌（重复三次）

  摊手

圈手 托腮掌

圈手 攦凤眼拳

压平小臂、斜下方点

收拳

———换右手重复第九段所有动作

右手立掌

耕手、指尖带动向上立掌（重复三次）

→

摊手

圈手

托腮掌

圈手

攥凤眼拳

压平小臂、斜下方点

收拳

第十段

左手膀手

紧贴腹部向下打（掌心向上）

下按掌

圈手

攥凤眼拳

压平小臂、斜下方点

收拳

——换右手重复第十段所有动作

右手膀手

紧贴腹部向下打（掌心向上）

下按掌

圈手

攥凤眼拳

压平小臂、斜下方点

收拳

第十一段

下防手（左手在上）

右手搭在左手肘窝（掌心向上）

右手耕手，左手同时收拳

左手搭在右手肘窝（掌心向上）

左手耕手，右手同时收拳

右手搭在左手肘窝（掌心向上）

右手耕手，同时收拳 →

第十二段

两手凤眼拳

左手在前，右手搭在左小臂上

左右交替出拳（三次）

第三拳时左手不收拳

双挂锤

→

收
拳

收
马
步

第五章

功力训练与实战

打墙靶训练
连环日字冲拳

连环日字冲拳可谓咏春拳中最重要的拳法之一，其特点为速度快。初学者应该进行大量的连环日字冲拳练习，一方面可以夯实拳法、掌法的基础，另一方面有利于在实战中高频率地运用此招攻击对手。

左手掌心向右，由掌变拳，肘部发力，从中线出拳，以"日"字形打向墙靶，注意拳头的高度保持与肩膀齐平（如图1）；收回左拳，同时右掌变拳，从左掌上方呈"日"字形击出（如图2）；左右手交替出拳。

正拍掌

正拍掌练习结合了左右两侧的正拍掌手法，由拳变掌，重在对手腕进行训练。

右掌掌心向上，放于左臂肘窝，拍出左掌（如图1）；收回左掌，同时右掌内翻，掌心向下，拍击墙靶（如图2）；左右手交替出掌。

单手破中掌挂锤

单手破中掌挂锤的练习可同时训练掌法与拳法，重点在于手部动作的变换。

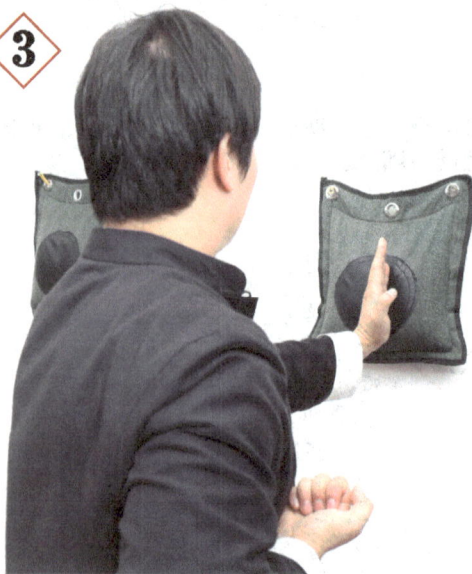

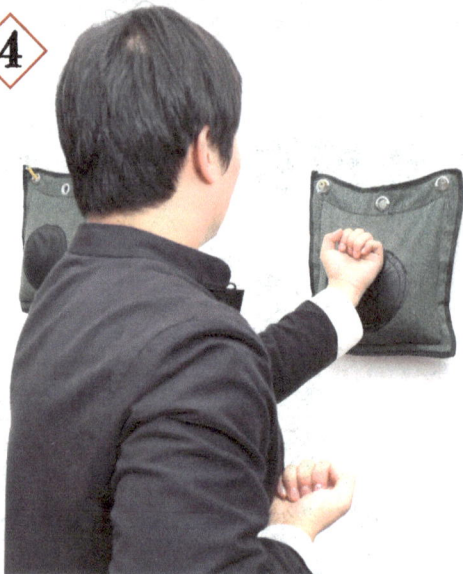

右手为破中掌，击向墙靶，以手掌的小鱼际部位接触墙靶（如图1）；手臂不收回，由掌变拳，掌心向上，再击墙靶（如图2）；收回右臂，左手立掌，击打墙靶，然后由掌变拳，再击墙靶（如图3、图4）；左右手交替练习。

双手破中掌挂锤

与单手破中掌挂锤的练习类似，区别在于此项练习为左右两手同时进行练习。

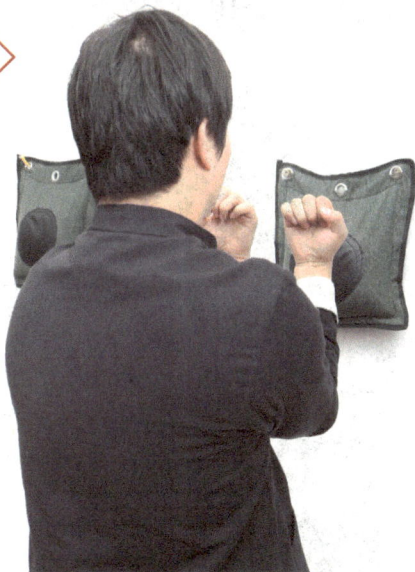

双掌同时击向墙靶，均以手掌的小鱼际部位为接触点（如图1）；双手由掌变拳，手腕外翻，拳心向上（如图2、图3）；双拳同时击向墙靶（图4）。

凤眼拳

凤眼拳练习的重点在于从多角度出拳，可与下身步法配合练习。

左手拳击墙靶，拳眼向上（如图1）；手臂不收回，扭动手腕，拳眼向下，击向墙靶（如图2）。

平戳手

平戳手练习的重点在于变化手部的动作，以增强手腕的灵活性。

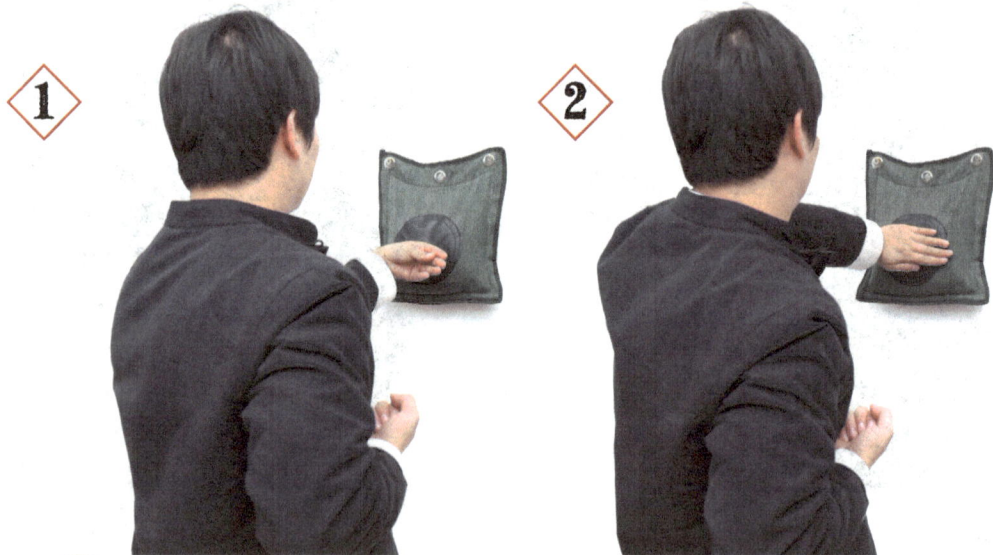

左手使用平戳手，掌心向内，击打墙靶（如图1）；手臂不收回，翻转手腕，掌心向外，再击向墙靶（如图2）。

挂锤力

练习挂锤力时需要二人配合：一人双手持两个拳靶，
另一人以腰马发力，手臂像鞭子一样甩出。

　　一方双手捂持拳靶，另一方出左拳，击打对方右手所持拳靶（如图1）；持拳靶方保持稳定，击打方换右拳
出击（如图2）；击打方左右手交替出拳，并逐渐加快速度和加强出拳的劲力（如图2）。

光远养生固元功

功法一

该功法的重点在于缓慢地分别以顺时针方向和逆时针方向转动肩膀，平心静气，体会胸腔里气息悠然运转，注意保持动作速度，切忌过快。

二字钳阳马、双手抱拳

双臂前平举（拳心向下）

肘部上抬高于肩

缩肩、双臂收紧

松肩、双臂外展（拳心向内）

收拳

配合相应的呼吸技法：吸气缓和、呼气松弛，细细体会吸气、呼气间的微妙差别。

功法二

五指前指（掌心相对）

双臂外展

双臂画弧后收

双掌触腰（掌心向外）

双掌沿腰侧下捋（指尖向下）

双掌紧贴腿侧归中

实战
后方搂抱，手臂被禁锢

—— 如何逃脱

被对手从后方搂抱，且双臂被禁锢时，我方可上抬双臂，使对手的禁锢变松（如图1、图2、图3）；然后双手手掌后按，攻击对手腰部，即可挣脱（如图4、图5）。

1. 可使用小念头中的双按掌；如遇图中情况，直接使用后按掌，攻击对方腹部或下阴；
2. 可使用小念头中的按掌；如遇图中情况，使用左按掌、右按掌，破坏对手重心。

后方搂抱，但手臂未被禁锢

—如何逃脱

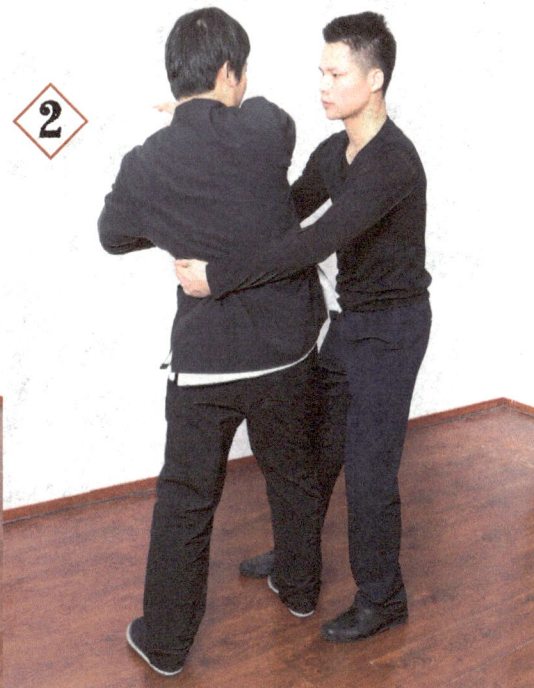

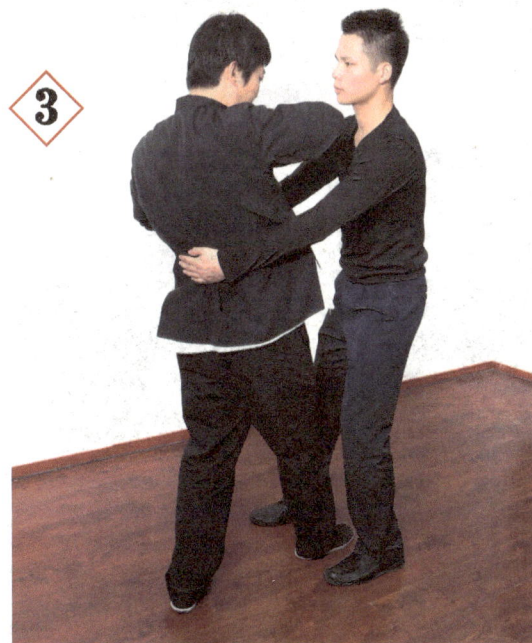

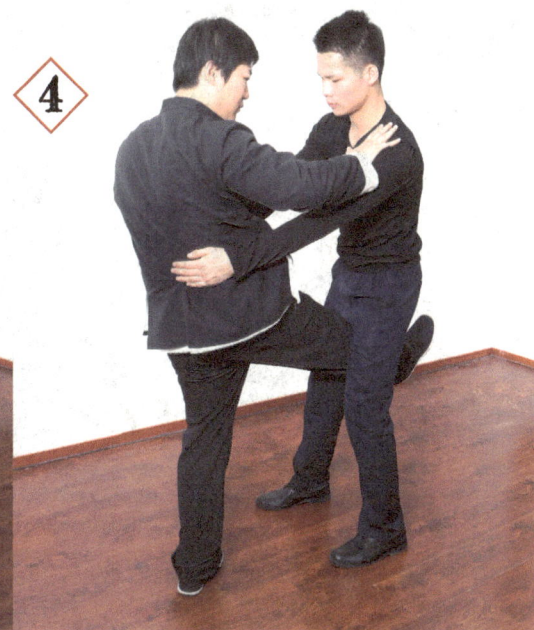

被对手从后方搂抱，但双臂未被禁锢时，我方可将右腿后撤，置于对手两腿之间（如图1）；然后向后转马，切入对手中线，即可挣脱（如图2、图3）；最后直接攻击对手下阴（如图4）。

——如何反击一

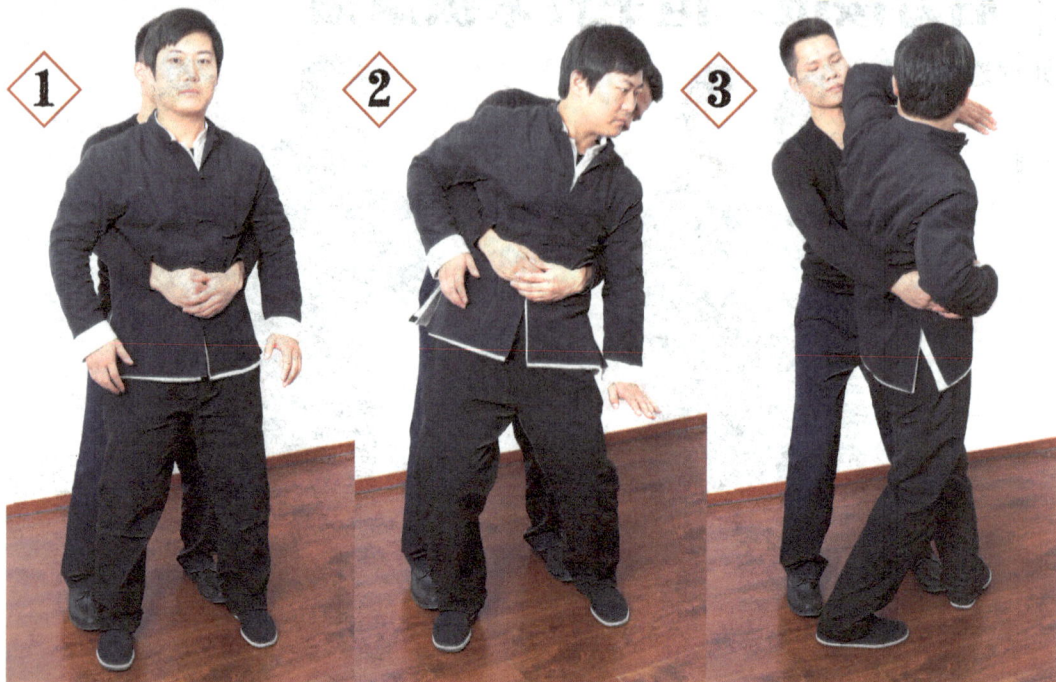

被对手从后方搂抱，但双臂未被禁锢时，我方可使用左按掌或右按掌下击，破坏对手重心（如图1、图2）；而后转身向后，用肘部攻击对手（如图3）。

——如何反击二

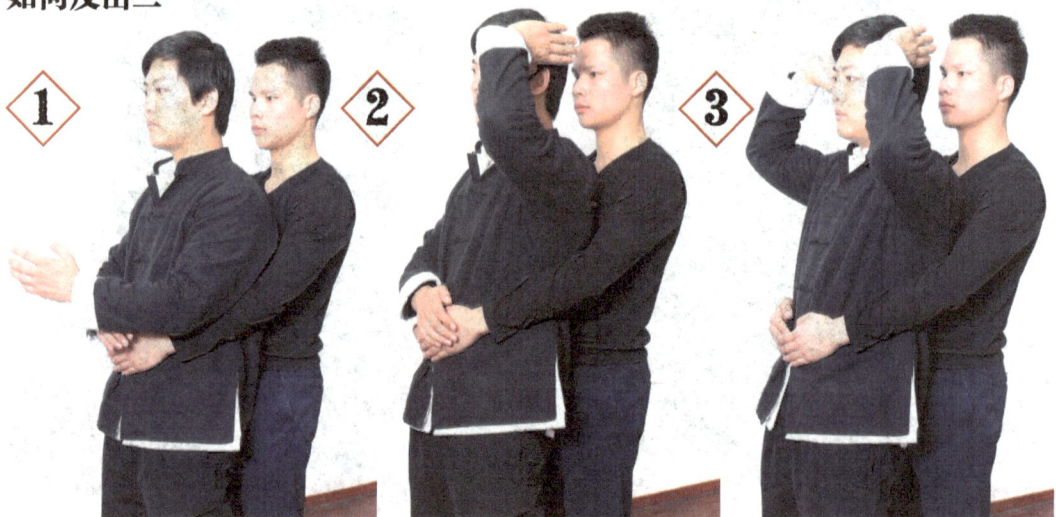

被对手从后方搂抱，但手臂未被禁锢时，我方可先使用护手，而后变招标指或双标指，戳击对手眼部（如图1、图2、图3）。

被断肘

如何逃脱一

被对手从后方断肘时（如图1），我方应快速转身并使用摊手，通过手腕发力压住对手双手，同时右手由掌变拳，攻击对手面部（如图2）。

如何逃脱二

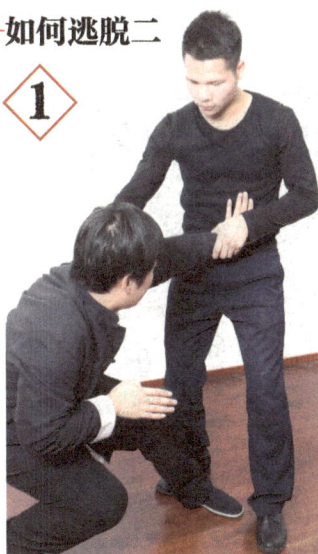

被对手从后方断肘时，我方应快速矮身，低势缓冲（如图1）；而后起肘挣脱，同时右手变招标指，攻击对手面部（如图2、图3）。

——如何反击一

被对手从后方断肘时（如图1），我方应原地使用摊手，而后快速转身（如图2）；再使用日字冲拳，反击对手（如图3）。

——如何反击二

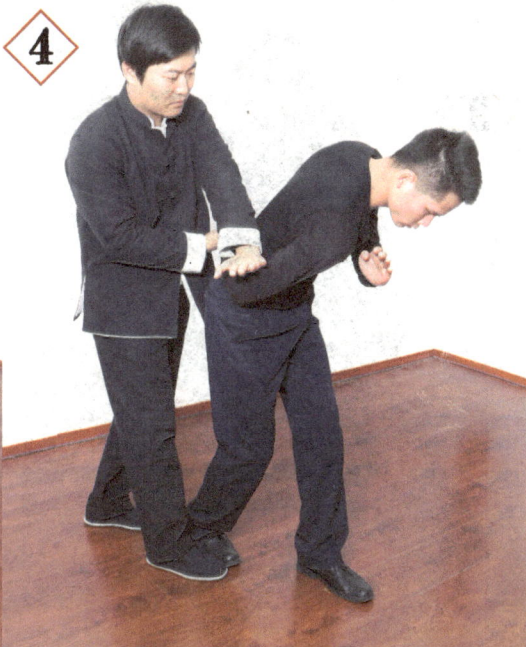

被对手从后方断肘时（如图1）；我方应迅速起肘，使对手的禁锢变松（如图2）；而后快速转身，用右手抓住对手右手，左手下按对手肘窝，将对手反擒拿（如图3、图4）。

被断肩

如何逃脱

被对手从后方断肩时（如图1），我方应快速下沉肩膀，顺势矮身卸力（如图2）。

而后快速转身，使用摊手，即可逃脱（如图3）。

擒拿与反擒拿

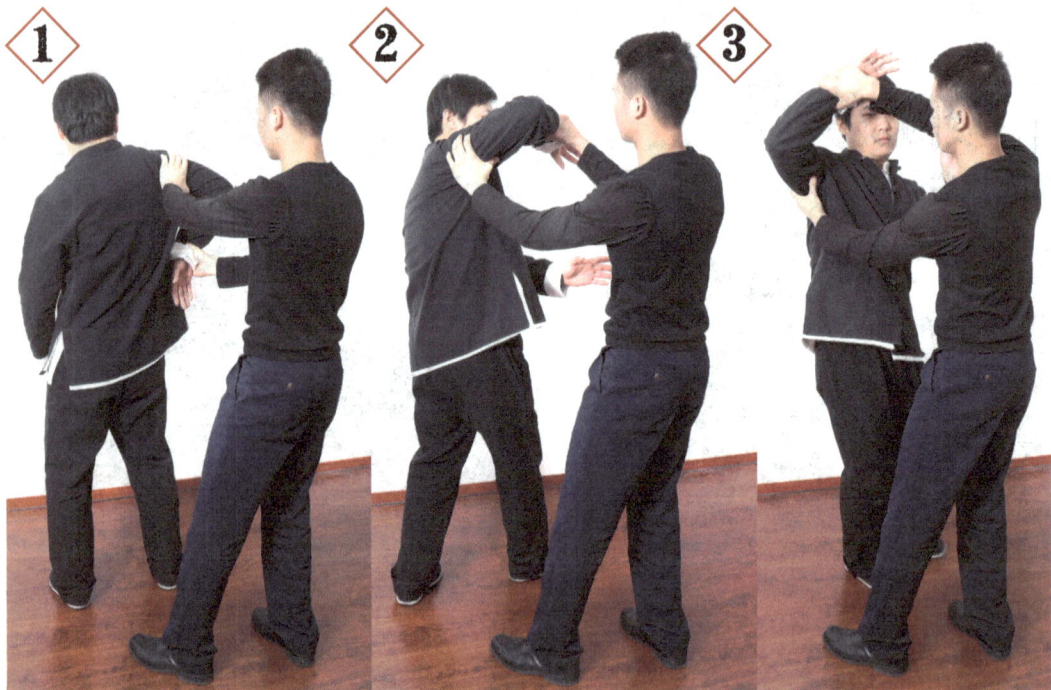

对手位于后方，企图用手或身体锁住我方时（如图1），我方应迅速回转身体，顺着对手擒拿的角度，卸其力，挣脱对手禁锢（如图2、图3）。

而后突然抬起对手肘部，另一只手托住对手手肘，配合步法，实施反擒拿（如图4、图5）。

被单手锁喉

——扭断大拇指关节

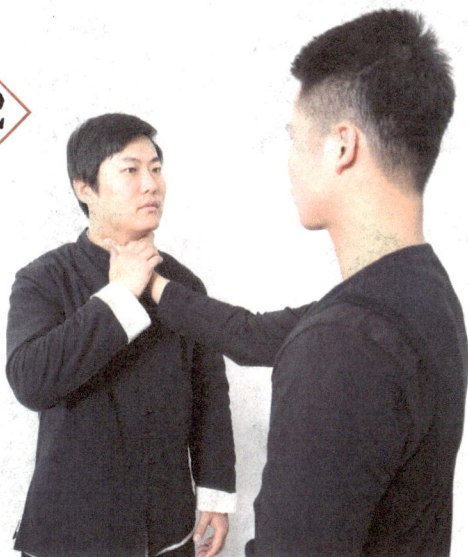

被对手单手锁喉（如图1）时，我方应利用反关节的手法，内压对手大拇指（如图2）。

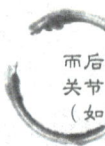

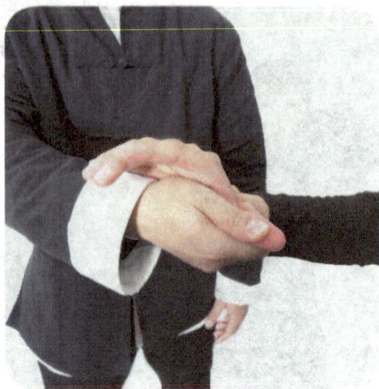

而后用自己大拇指攻击对手大拇指
关节，同时另一只手可做其他攻击
（如图3）。

内门摊手

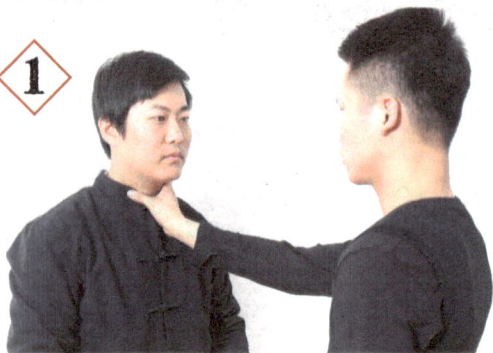

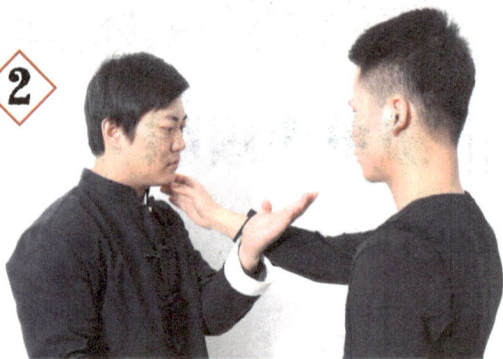

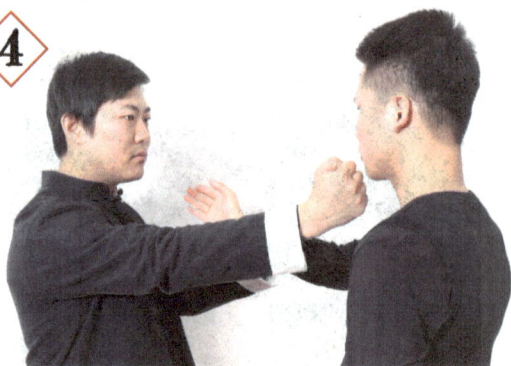

被对手以极强劲力直接锁喉时（如图1），我方应快速使招内门摊手，改变对手发力方向（如图2、图3）；
同时右手出拳，直攻对手面部（如图4）。

—内门拍肘 + 后退攻臂

被对手单手锁喉，且对手手臂伸直前推时（如图1），我方应顺势后退，外门拍击其肘部，内门拍击其小臂（如图2、图3）；利用反作用力，攻击对手手臂（如图4）。

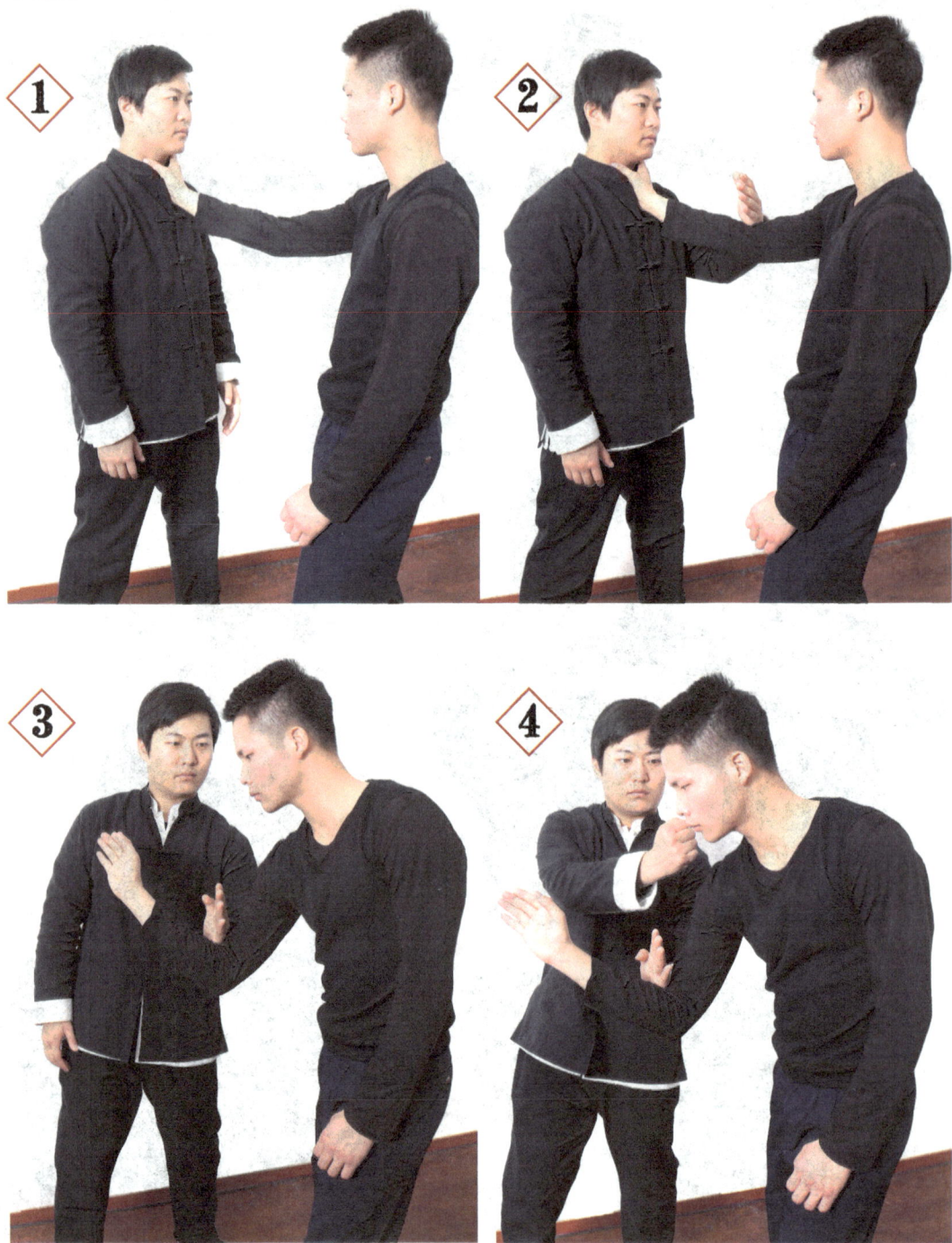

被对手单手锁喉，且对手弯肘时（如图1），我方可使用单窒手，外门窒对手肘窝，破坏其重心（如图2、图3）；再使用标指，戳击对手面部，另一只手同时直接攻击对手（如图4）。

被双手锁喉

—内门双摊手 + 双攀颈手 + 提膝

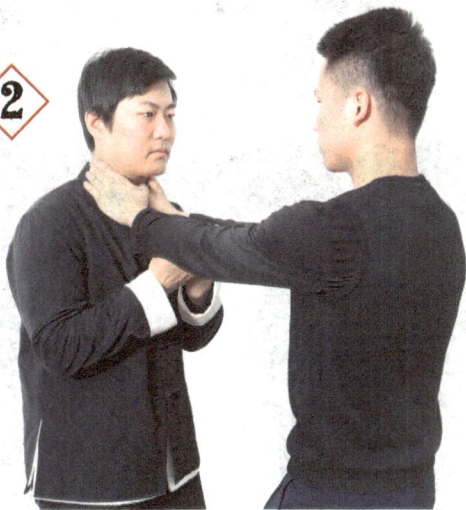

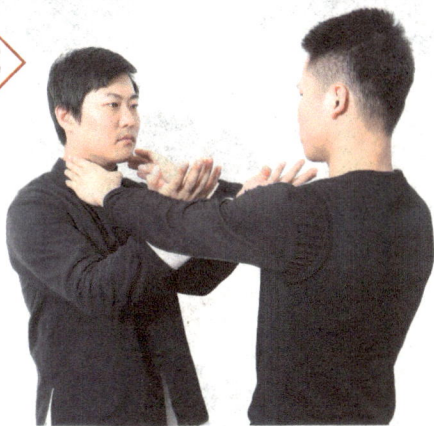

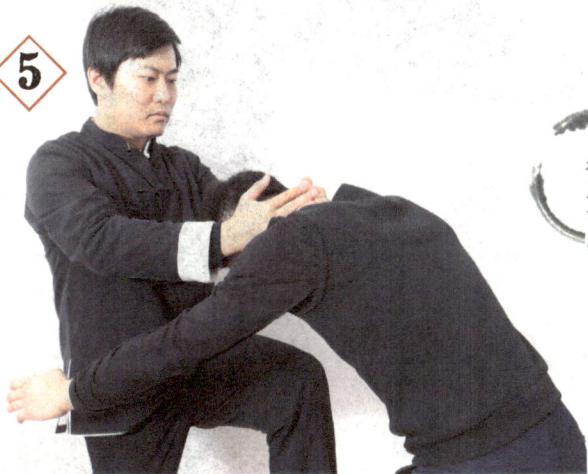

被对手双手锁喉时（如图1），我方应迅速使招内门双摊手，改变对手发力方向（如图2、图3）；而后变招双攀颈手，破坏对手重心（如图4）；再提膝或变招打眼手，反击对手（如图5）。

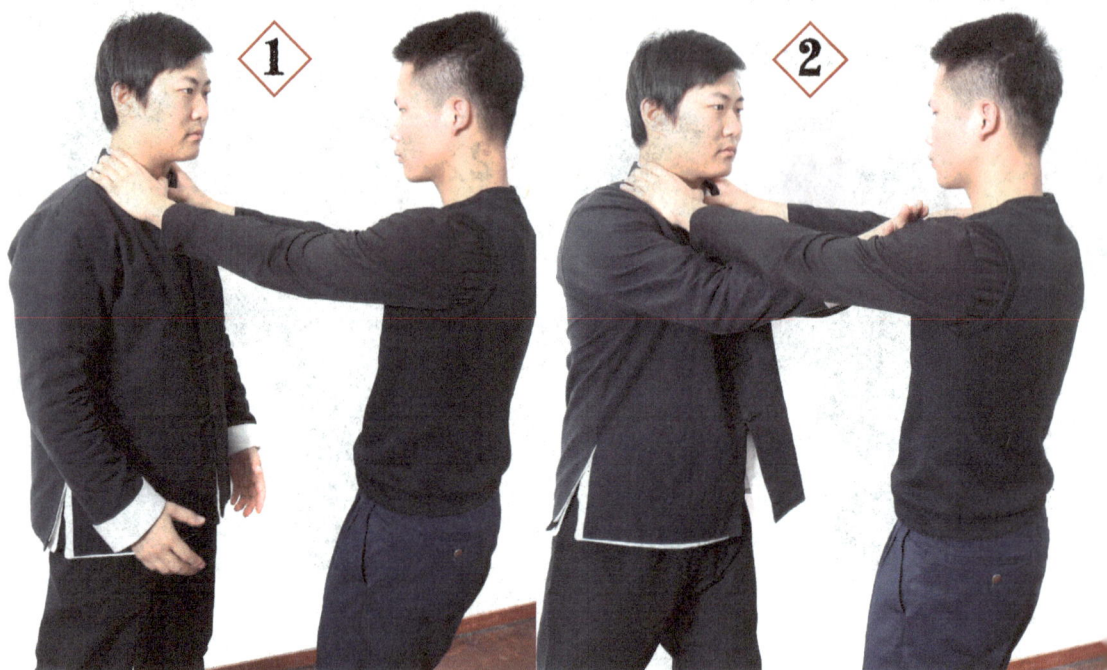

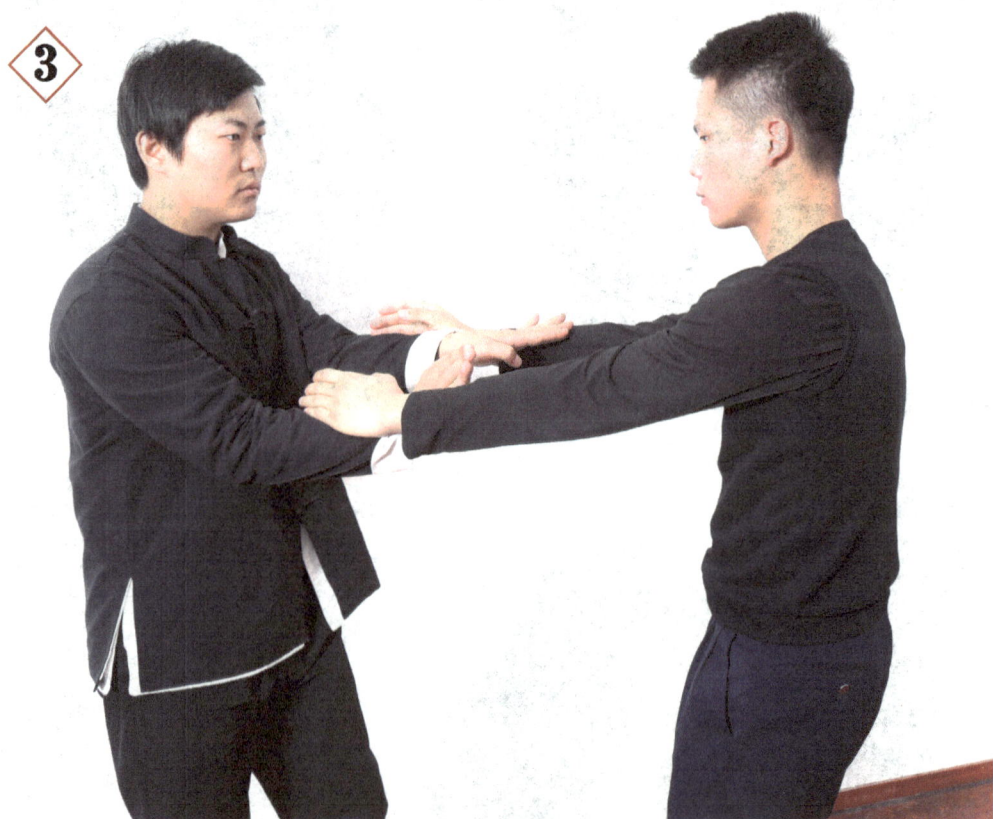

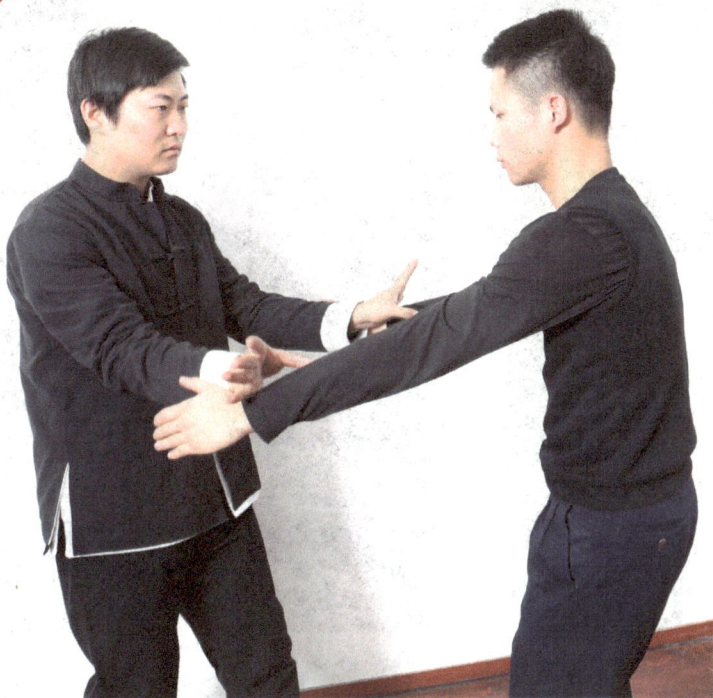

被对手双手锁喉，且对手手臂伸直、前推时（如图1），我方应顺势后退，使招内门双捋手，使其失去重心（如图2、图3、图4）；而后变招双抓手，同时直接提膝反击对手（如图5）。

——双窒手 + 双标指

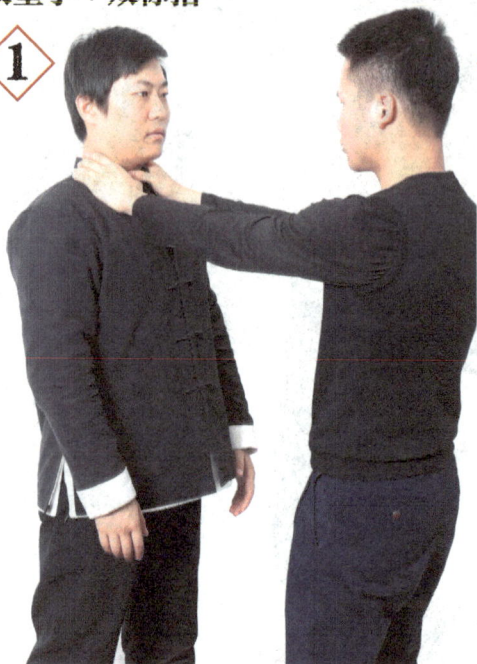

被对手双手锁喉，且对手弯肘时（如图1），我方应首先使用双窒手，窒其肘窝，使其失去重心（如图2、图3）；而后直接变招双标指或打眼手，攻击对手面部（如图4）。